落ち込んだときに勇気がでる49の言葉

本田 健

PHP文庫

○本表紙図柄＝ロゼッタ・ストーン（大英博物館蔵）
○本表紙デザイン＋紋章＝上田晃郷

まえがき

人生は最低のところからが、おもしろい。


長い人生の間には、時に、負けゲームにはまることがあります。

それは、受験や就職の失敗、失業、失恋、離婚、事業の失敗、病気、事故など、いろんな種類があるでしょう。

なかには、右にあげたことの複数に見舞われて、「もうダメだ！」と感じている人もいるのではないでしょうか。

この本を病院のベッドの上で読んでいる人もいるかもしれませんし、ため息をつきながら読んでいる人もいるかもしれません。

どんなに成功した人でも、失敗はあります。また、普通の人でも、たくさん失敗しているでしょう。というか、失敗をしたことがない人なんていません。

いろんなことがうまくいかないとき、人はあれこれ悩み、もがきます。

でも、もがいても、苦しんでも、どうにもならないときもあります。

そういうときは、流れに逆らわずに、むしろ流れに身を任せて、落ちるところまで落ちるといいのです。

すると、コトンと足が底につくことがわかります。「ああ、これが底だ！」とわかったとき、あなたの人生は反転します。

そして、そこからが、「人生大逆転の始まり」になるのです。

人生には波があります。それを簡単に変えることはできません。仕事や恋愛、健康もバイオリズムでうまくいったり、うまくいかなかったりするものです。

いろんな種類の占いが流行っていることから、人が今の自分の運勢に並々ならぬ興味をもっていることがわかります。

自分のやっていることがうまくいかないとき、ちょっと落ち込んでいるとき、そのうち、運は必ず反転することを思い出してください。

スポーツでも、一番おもしろいのは、勝っているチームがどんどん点を入れるより、負けていたのに大逆転で勝ってしまうゲームでしょう。

人生も、同じです。

今、あなたが人生で、負けゲームになっているとしたら、そろそろ逆転のタイミングかもしれません。これから、大逆転のドラマがはじまるとしたら、どんな感じではじまるのでしょう？

今、幸せに生きている人の多くが、若いころ、夢見たとおりにはなっていません。どちらかというと、想像したのとは全然違う人生になってしまったけど、結果楽しくやっている自分に満足しているのです。

自分の理想どおりにいかなくて、もがき苦しむことがあっても、なんとか現在地にたどり着いて、そこで幸せを見いだしているのです。

人生のすばらしいところは、最低で苦しい状態に陥っても、ずっとそこに留まることはないことです。

そのうち、誰かが助けてくれたり、状況が変わって、いろんなことが好転していきます。

苦しいときには、人の親切が身にしみます。誰が本当の友人で、誰を信頼したらいいのか、はっきりわかります。

うまくいっているときの友人は当てになりませんが、「雨の日の友」とは、一生つきあっていけます。

たとえ、今が最低でも、新しい一歩を踏み出しましょう。きっと、思いもつかない幸せな道が見つかるはずです。

本書に出てくる名言の数々も、きっとみなさんの人生を励ましてくれるでしょう。

本田　健

落ち込んだときに勇気がでる49の言葉

目次

1章 落ち込んでもいい

2章 物事の見方ひとつで、世界は変わる

3章 少しの勇気が、あなたの人生を変える

4章 本来の自分に戻る　最高の未来へ

1章

落ち込んでもいい

1

一生、悩みはなくならない

あなたには、何か悩みがあるでしょうか。それともあまり心配することはないでしょうか。

あなたが普通に健康的な人なら、何かしら悩みがあると思います。

それは、年代によっても違うかもしれません。ちょっと、昔の自分を思い出しながら、さかのぼって見てみましょう。

たとえば、小学校、中学校のころは、いじめられたり、誰かがいじめられたのを見て、どうしたらいいのか悩んだかもしれません。勉強のこと、部活のこと、家族のこと、自分の体のことで、心配になった人もいたでしょう。

高校生ぐらいになると、進路、友人関係、部活の先輩後輩、家族のことなど、悩むことに事欠かないぐらいです。

そのころは、楽しいことがいっぱいある一方で、生きていたくないという気持ちになるぐらい、悩みもあるのが普通です。

高校を卒業して、大学生になったり、社会人になるわけですが、そこでも悩みはいっぱいです。

大学生は、就職をどうするかで、一足先に社会人になった人は、大学に行っていたほうがよかったかなぁ、将来をどうしようかということで悩むでしょう。

希望どおりに進める人はごく少数で、なんらかの偶然と妥協によって、就職先が決まります。

二〇代になると、仕事のこと、恋愛のこと、結婚のことなど、悩む分野がものすごく増えます。真剣に思い詰めていたけど、悩む分野がひとつかふたつだった高校生のころが懐かしいでしょう。

三〇代に入ったら、結婚していない人は、自分が一生独身かもしれないと思って、悩みます。

では、結婚した人は悩みがないかというと、もっと増えていきます。仕事、結婚、子育てなど考えなくてはいけないことが増えるからです。

四〇代に入ると、自分の仕事がすごく忙しくなり、ただでさえ自由時間が減るのに、子どもの学校、夫婦関係、両親の介護などを考える必要があります。

そして、五〇代になったら、仕事での問題も深刻になります。自分やパートナーの健康、老後の心配、子どもの進学など、悩むことはいっぱいあります。では、リタイヤした六〇代は悩みから解放されるかというと、お金、老後のこと、子どもや孫のことなど、暇になるぶん心配する時間もたっぷりあります。

老人ホームの人たちに聞いてみると、食事のこと、病気のこと、ホーム内での人間関係、恋愛のことで悩みがいっぱいあったりします。

そうです。一生私たちは、悩みから解放されるということはありません。

それを知っていると、ちょっとは楽になるかもしれません。

世界には苦しみがあふれているが、
苦しみを克服した人たちも同じぐらいたくさんいる。

——ヘレン・ケラー（アメリカの社会福祉活動家）

2

落ち込んだら、とりあえず上を向く

落ち込んだとき、わたしたちは、自然と下を向いてしまっています。あなたも、気落ちした人が、しょんぼり肩を落として、うつむいた感じになるのをこれまでに見たことがあると思います。

自分でも、意識すれば、元気なときは上を見て、調子の悪いときは、下を向きがちなことに気づくでしょう。

これは、気分のためにそうなることと、そういう姿勢をするので、落ち込んだ感じを誘発することの両方があると思います。

道を歩くときも、落ち込んでいるときは、肩を落としてゆっくり歩くはずです。そして、そのとき、呼吸は浅く、ため息をついているかもしれません。

それが、落ち込んだときの私たちのあり方です。

一方で、恋愛で幸せなとき、仕事がうまくいったとき、私たちは自然と胸をはって、上を向いて、早足で歩いているはず。スキップしてもいいという気分かもしれません。

人の感情と姿勢、行動は、深いところでつながっています。あなたがちょっとぐらい落ち込んでいたとしても、意識して上を向き、胸をはってにこやかに楽しく歌ったとしたら、なかなか「悩みモード」には入れないはずです。それは、体が落ち込む体勢になっていないからです。悲しい気分になろうと思っても、調子が合わなくてうまくいかないはずです。

なので、今度落ち込んだときは、ぜひ一度ためしてください。自分の感情モードを一瞬で変えるには、とてもいい方法です。

「あ〜あ」とがっかりしたとき、さっと上を向いてみるのです。自分が望んで落ち込みモードに入りたかったのだということがわかると思います。

「上を向いて歩こう」という名曲がありますが、まさしく、悲しいときこそ上を向くことで、悲しみを乗り越えることができるのです。

なかなか悲しみから出られないときには、簡単で効果的な方法です。

もちろん、本当に悲しいときや苦しいときは、じっくりと悲しみを感じることも大切です。そういうモードに入って、ネガティブな感情を感じることは、回復の過程で必要な場合もあるからです。

逆に、あなたが、ポジティブになりがちな人であるなら、逆に下を向いて、落ち込みモードに入ったほうが、感情的なバランスが取れるかもしれません。

今度、落ち込みそうになったときは、意識して自分の姿勢を変えてみましょう。姿勢があなたの感情に影響を与えている事実に気づいて、びっくりすることでしょう。

ふだん、落ち込んでいないときでも、さっと上を向いてみてください。気分を変えたいとき、上を向くだけで、違うものが見えてきます。

下を向いていたら、虹を見つけることはできないよ。

――チャールズ・チャップリン（英国のコメディアン）

3

八方ふさがりのときは、深呼吸する

どんな人にでも、何もかもうまくいかない感じがするときが、人生で何回かはあるのではないでしょうか。

そのときは、もうすべてが終わった感じがすると思います。どこにも行き場所がなくて、追い詰められた感覚をもつかもしれません。

落ち着いて自分を見ることができれば、呼吸が自然と速く、浅くなっていたことがわかるはずですが、そんな余裕がないのが、どん詰まりのときです。

感覚的には、真綿にくるまれて、息ができなくなるような感じでしょうか。酸素が欠乏している感じになって、ほとんど息を止めているような状態になってしまうのです。

そういうときは、大きく深呼吸をしましょう。

焦っても、すぐに次の道が見えてくるわけではありません。

斜めを見たら、隙間があるかもしれませんし、押せば簡単に開くドアかもしれません。

何分か深呼吸を続けてから、冷静に今の状況を見るのです。

映画の主人公になった気分で、言ってみてください。

「やばい。これはピンチだ！」

すると、そこから格好いい音楽が聞こえてきて、そのピンチから出るアイデアも同時に浮かんでくるはずです。映画なら……。

そういうピンチに陥った自分を客観的に見られたり、笑えたりしたら、あなたはもう半分以上そこから出られたも同然です。

なにもかもうまくいかない感じがするとき、焦ってまわりがよく見えていない可能性があります。

落ち着いていたら、状況をよく見て、自分が何をやればその苦境から抜け出せるかがわかるのに、それができなくなってしまうのです。

まわりに空気がなくなった感じがするとき、それはそんな感じがするだけで、実際にはそうなっていないことを思い出しましょう。

城壁に囲まれた気分になったときこそ、本当に壁かどうか、目をこらしてみてください。落ち着けば、違うモノがきっと見えてきます。

あなたの悩み、苦しみは、人類の歴史を振り返ると、数億人が同じような体験をしているはずです。その人たちは、そこで死んでしまったのでしょうか。多くの場合、なんとかなったはずです。落ち着いて考えれば、同じような状況に陥った先輩、友人が見つかるかもしれません。

同じ悩みをもっていたけど、それを解決した人に相談してみましょう。どうやって乗り越えたのかを聞いてみると、意外と簡単に出られることがわかったりします。インターネットで検索してみてもいいかもしれません。きっと、答えが見つかります。

今あなたの前に立ちはだかる壁は高いかもしれない。
でもそれは、扉かもしれない。

――エイブラハム・リンカーン（第一六代アメリカ大統領）

4

疲れたときは、休む

あなたは、ふだん、どれだけ休んでいますか？

もし、真面目なタイプなら、休みを取らずに、ずっと仕事、家事、勉強をやっているかもしれません。

人生には、生活のためにしなければいけないことと、楽しむことという二つの側面があるのですが、「楽しむ」ことを忘れる人が多いようです。

有給休暇を取ったり、人生に中休みをとるといったことは、いけないことだと考えている人がいます。

なかには、有給をどれだけ取っていないかを自慢する人もいるぐらいです。

そういう文化のなかにいるので、休みたいと言い出したら、まわりから冷たい目で見られてしまうかもと不安を感じている人も多いのではないでしょうか。

休憩を取るという意味では、疲れる前に休むのが、いちばん効果的です。

人生でも、疲れを感じる前に上手に休みを取らなければ、体や心にそのしわ寄せがやってきます。

疲れる前に、休む習慣はとっても大事です。

過労を防ぐためには、自分が無理をしてしまうパターンを把握しておくことです。

どんなときに無理をしてしまうのか、ちょっと考えてみれば、自分のことだけによく知っているはずです。

たとえば、お世話になっている人や上司に頼まれると断れない。誰かに期待されると、頑張ってしまう。誰かを喜ばせたいと思ったら、つい睡眠時間を削ってやってしまう。

そういったあなたの癖《くせ》があるはずです。自分でわからなかったら、家族や親しい友人、同僚、上司に聞いてみましょう。

すると、自分の中でも、「あ、そうか」という感じで、そのパターンが浮き彫りにされてきます。

かならずしも、あなたのまわりの人は、それを望んでいないのに、あなたが一生懸命に頑張ってしまうことがあるはずです。

一生懸命に毎日料理を作っていたけれど、旦那さんは、別にスーパーで買ってきたものでも、気にしていなかったりします。

いつも丁寧《ていねい》なフォローをしていたお客さんも、よく聞いてみたら、「そんなことまでしなくてもいいですよ」と言ってくれるかもしれないのです。

そういうことをふだんから見ておくと、疲れる原因のほとんどが、あなたが「こうでなくてはいけない」と自分に課した試練からくるものだったりします。

そこから自由になるだけでも、疲れるライフスタイルが変わってきます。

それから本当の意味で、まわりの人を喜ばせることができるようになります。

ごく自然にやっていることが、すべての人の役に立っていくのです。


疲れると思案がどうしても滅入る。よう寝ると猛然と自信がわく。

——坂本竜馬（土佐藩郷士）

5

自分のバッテリーの状態を見る

あなたは、朝起きたら、すぐにワクワクしていますか？

毎日、エネルギッシュに活動できていますか？

それとも、「もう朝かぁ。イヤだなぁ」と感じながら、起きていますか？

いまひとつエネルギーがわいてこないような状態かもしれません。

もし、あなたが、朝起きるのがイヤになっていたり、毎日を楽しめなかったりすることがあれば、それには理由があります。

あなたの生命力エネルギーが十分にチャージされていないのです。いってみれば、充電が十分にされていないので、電池がギリギリになっているのです。

そんな状態を長く続けることはできません。

スマホと一緒で、自分の電池がどれだけあるのかを、毎日確かめるようにしてみましょう。

どんなときに充電されたり、放電するのでしょうか？

うれしいとき、楽しいとき、あなたは、心身ともに充電されます。

たとえば、家族と一緒に大笑いしたとき、友だちと大騒ぎしたとき、大好きな音楽を聴きにいったとき、趣味に没頭しているとき。

そんなときに、あなたの心はワクワクして、一気に心の充電が進むはずです。

逆に、放電するのは、どんなときでしょう？

上司に「あの件はどうなった？」と聞かれ、その後説教される。お客さんに電話で怒られる。プロジェクトをやろうと思ったのに、企画書が書けない。仕事でミスを連発した。つきあっている恋人とケンカした。パートナーと家事やお金の分担のことで議論になった。

そういったことがたて続けにおきると、充電表示のバーが急速に目減りするのがわかるはずです。

そんな感じで私たちの心のバッテリーは、充電と放電を繰り返します。そのなかで、ずっとバッテリーがローなのか、フル充電の状態なのかで、毎日の楽しさが違ってくるのがわかるでしょう。

あなたの心と体のバッテリーを急速充電する方法をいくつも開発してみまし

ょう。充電には、お金がかかる充電と、そうでない充電があります。

バッグを買う、旅行に出る、エステに行く、食事に出かけるという充電方法はお金がかかります。時間もそれなりにかかります。

一方で、公園に行く、図書館で本を借りる、散歩に出かける、お風呂に入るといったことだと、たいしてお金はかかりません。

今、経済的な余裕があまりない人は、お金のかからない充電方法を探してみましょう。充電という意味では、同じような効果があります。

理想は、毎日生活しているだけで充電されることですが、なかなかそうはいかないでしょう。こまめな充電を心がけましょう。


休息とは、回復であり、何もしないことではない。

――ダニエル・ジョセリン（作家）

6

辛いとき、悲しいときは、ただ泣く

あなたは、辛いとき、悲しいとき、どうしていますか？

思う存分に泣いている人は、ごく少数なのではないでしょうか。

泣いたとしても、できるだけ人前はさけて、ひとりになったとき、しんみりと（あるいはおおげさに）泣いていると思います。

私たちの多くは、泣くことを子どものころにやめています。

それは、私たちが、「泣く権利」を親に取り上げられてしまったからです。もっと正確にいうと、自分でその権利を返上してしまったからです。

「泣いてはいけません」「うるさい」「しっかりしなさい」「男の子は泣くもんじゃありません」と言われて、小学校の高学年ぐらいになったら、まず男の子から、泣くことをやめていきます。

女の子も、「女を武器にしている」「泣いたら許されると思うなよ」「泣いて、自分はかわいいと思っているんじゃないの」といった、まわりの心ないセリフがイヤで、泣くのをやめていきます。

なので、大人になると、泣くのは、ペットか親が死んだときぐらいでしょう。あるいは、かわいそうなニュースをテレビで見たり、感動的な映画を見て泣くぐらいがせいぜいで、自分のことで泣くのは、恥ずかしいことだと考えている人のほうが多いのではないでしょうか。

そのわりに、私たちは、ちょっとしたことで傷つくし、落ち込むし、悩むのです。そして、実際に泣くかどうかは別として、泣きたい気分になることは、毎週のようにあるのではないでしょうか。

仕事のトラブル、友人、お客さん、上司とのやりとり、家族とのケンカで、泣きたいようなシーンはいっぱいあるはずです。

さすがに会社で泣くと問題があるかもしれませんが、家に帰っておちついたら、思い出して泣いてみましょう。

「思い出し笑い」ではなく「思い出し泣き」です。

涙のもつ自浄作用には、驚くほど効果があります。

実際にやってみると、ちょっと悲しい気分にはなっても、涙までは出てこない人が多いと思います。

それは、私たちが、悲しむという回路を使わないようにしていたために、その回路がさびついているからです。

私も、自由に泣けるようになるまで、数年間のリハビリが必要でした。

いったん泣きはじめると、数年間、涙が止まりませんでした。

自分に泣くことを許可するのは、なかなか難しいのです。

あなたが最後に泣いたのはいつですか？

たくさん泣きましょう。

うれし涙も、悲しい涙も、あなたを人間らしくしてくれます。


涙で目が洗えるほどたくさん泣いた女は、視野が広くなるの。

——ドロシー・ディックス（アメリカのジャーナリスト）

7

嫌いなことは、すぐにやめよう

あなたは、毎日好きなことをやっていますか？

そうでなければ、人生でとっても損をしていることになります。

なぜなら、「自分の大好きなことをやる」のは、人生の大きな喜びのひとつだからです。

もちろん、人生には「やらなければいけないことを確実にこなしていく」という喜びもあります。ひとつずつやるべきことを完了させていくことに快感を覚える人も多いと思います。それは、それで素敵な生き方です。

中途半端なのは、タスクをこなしていくことに喜びを感じられず、イヤイヤ仕事をやっている人です。彼らは、人生で、本当にやりたいことを自由にやれる可能性を知らないのです。

「あこがれはあるけれど、そうは言っても、生活のために仕事をやらなければいけない」と考える人は多いでしょう。

もちろん、すぐに会社を辞めたほうがいいと提案しているわけではありません。日常生活のなかでイヤなことを減らして、好きなことを増やす。

それなら、誰でもできるのではないでしょうか。

人生の生き方には、いろんな種類があります。

好きなことを自由にやる。

嫌いなことを進んでやる。

好きでも嫌いでもない仕事をなんとなくやる。

それぞれの生き方には、やや大げさに言うと、人生哲学があります。

好きなことをやっている人は、自由を一番大切にしています。

嫌いなことを進んでやっている人は、義務、役割、使命を重んじています。

三番目の人は、安定した生活を望んでいます。

それぞれに、自分たちの信念に基づいて生きているわけです。

しかし、嫌いなことばかりやっていると、よほど強い使命感をもっていなければ、心も体も疲れてきます。なぜなら、人は、嫌いなことをやればストレスがたまるように設計されているからです。逆に、好きなことには、ちょっとした風邪が吹き飛ぶぐらいのストレス発散効果があります。

あなたの人生のなかで、嫌いなことを書き出してみましょう。それにやめてもいい順に番号をつけてみましょう。その横に、いつやめるか、手放すかを書いていくのです。

おもしろいことに、実際にやめなくても、とても開放感があるはずです。

そして、そのことに縛られていた自分のあり方にも気づくでしょう。

あなたは、もっと好きなことをやっていいのです。

嫌いなことをひとつ手放して、好きなことをその代わりに始めましょう。

ちょっとわがままになった気分がするかもしれませんが、それぐらいがちょうどいいのです。

明日に延ばしていいものは、やり残して死んでもかまわないことだ。

――パブロ・ピカソ（スペイン生まれの画家）

8

失敗しても、すべてを失うわけではない

人生では、思わぬ失敗をすることがあります。

それは、気をつけても頑張ってもおきる、不可抗力のようなものです。

たとえば、恋愛かもしれませんし、仕事関係、あるいは人間関係、お金、健康の分野でおきることもあります。

最近は、地震、台風、豪雨などの自然災害も多くなってきました。

テレビを見ていると、被災地の人が、「まさか、自分がそんな目に遭うなんて……」と絶句している様子が映し出されることがありますが、当人にとっては、まさにそんな感じなのでしょう。

そんなとき、目の前が真っ暗になってしまって、すべてを投げ出したくなるかもしれません。

事業に失敗したり、たくさんのお金を失ったとき。大好きだった人に別れ話を切り出されたとき。自分の夢がかなわなかったとき。病気になったとき。

そんなときは、「ああ、もうダメだ」という感情がどっと出てきます。

でも、お金、健康、恋人、家族を失ったとしても、あなたの人生が終わりになるわけではありません。自分の一部がなくなった感じがするかもしれませんが、それでもあなたは生きています。

一時的には、落ち込んだり、泣いたりするでしょう。

喪失に関して悩んだり、苦しんだり、悲しむのは、ごく自然なことです。

家族や大切な人を事故や病気で失ったとしたら、その悲しみを癒すにはしばらく時間がかかるでしょう。

あのとき、こうしていればよかった、やさしい言葉をかけてあげればよかった、あんなことをするべきではなかった、という後悔が、あなたを襲うかもしれません。

でも、しばらくして、落ち着いたら、自分が冷静に何を失ったかを考えてみましょう。

失敗によって、お金、健康、家族、信用などを失ったかもしれません。

その失ったものが大きい場合は、取り返しがつかないと感じるでしょう。

実際に、なくなった家族や信用は戻ってきません。

でも、彼らとの思い出は、誰もあなたから奪うことはできないし、失敗による気づきや学びはあなただけのものです。

信用は、また再構築することもできます。新しい人となら、まったくフレッシュに人間関係を構築することだってできるでしょう。

失ったお金も、また稼げばいいのです。健康も、静養することで回復してくるかもしれません。

そうやって考えていくと、あなたは、失ったものの代わりに得ているものもあります。

けっして、すべてを失ったわけではないことを思い出してください。

何もかも失われたときにも、未来だけはまだ残っている。

――ボブ・ディラン（アメリカのミュージシャン）

9

最悪のイメージにひきずられない

私たちは、ふだんからいろんなことについて心配しています。

何かあると、これから悪いことがおきるんじゃないか、と身構えます。

そして、悪い想像が頭のなかをかけ巡り、止められなくなってしまう人も多いのではないでしょうか。

それも、ちょっと悪いことではなく、最悪のことを考えてしまうのです。

子どもの帰りが遅いとなると、誘拐されたんじゃないか、事故に遭ったのではないかと、本気で心配したりします。

上司から携帯に着信があってメッセージが残ってなかったら、ミスをしたんじゃないか、辞めさせられるんじゃないかとビクビクしてしまったりします。

つきあっている人から電話があれば、次のデートの約束より、「もう別れよう」と別れ話を切り出されるのではないかと心配になります。

同じ想像力を別のことに使えば、小説家や映画の脚本家にもなれるのではないかというぐらい、クリエイティブに、悪いイメージを描いてしまうのです。

どうしてそうなるのでしょうか。私たちは、いいことはおこらない、今の人生が悪くなるのではないかと、つねに心配しているからです。

言ってみれば、通常モードが心配になっているので、何かあったら、悪いイメージのドミノ倒しが簡単におきてしまうのです。

そして、ちょっとでも、それに近いことがおきたら、「やっぱり！　悪いことがおきる感じがしてたんだ」とがっかりするのです。

でも、おもしろいのは、悪いことがおきたとき、がっかりすると同時に、どこかでほっとする自分もいることです。なぜなら、これ以上悪いことはおきないということで、不思議な安心感を得るのです。

そうやって考えれば、悪いことがおきたときに、すごくがっかりするかわりに、安心感を得るために、私たちは先回りして心配しているとも言えます。

試しに、ずっとポジティブでいると決めてみてください。そして、超ポジティブな人生をイメージしてみてください。

すると、ポジティブにイメージしたぶんだけ、がっかりしたり、期待を裏切られることが増えそうな感じがしませんか？

そうなんです。心配は、がっかりしないための保険なのです。

心が健康的な人なら、うまくいかなかったとき、はじめてがっかりすればいいと考えます。でも、私たちは、先に心配しておくことで、がっかりの衝撃を減らそうとしているのです。

このメカニズムがわかってくれば、最悪にひきずられなくてすみます。

なぜなら、あなたが見ているのは、幻想だからです。

今度、最悪な状況をイメージすることがあったら、「これは、がっかりしないための取り越し苦労映像で、トリックなんだ」と思い出してください。

人生における最大の失敗は、
失敗するかもしれないと恐れ続けることである。

——エルバート・ハバード（アメリカの作家）

10

「失敗した自分」をほめてあげる

失敗は、人生につきものです。

仕事、受験、恋愛などでうまくいかないことは、しょっちゅうです。

頭のなかでは、すべてうまくいくはずがないとわかっているのに、実際にダメだったとき、がっかりしてしまのが、私たちの現実でしょう。

そういうとき、自分に対して、イライラしたり、批判的になったり、怒りがこみあげたりすると思います。

「なんでうまくいかなかったんだろう?」

「もっとほかにやり方はなかったんだろうか?」

「どうして、自分は、こんなに運が悪いんだろう?」

そういうことをつい考えてしまいます。

そういうときに、がっかりしてどんどん落ち込むのか、一度立ち止まって、自分を取り戻すのかで、後々の人生が全然違ってきます。

あなたが、何かに失敗したということは、リスクを取ったからおきています。

好きな人に告白したり、起業をしたり、安全圏から出たために、うまくいかない現実がでてきたのです。

それがうまくいかなくても、挑戦したという事実があるはずです。

それを「よくやった！」とほめてあげましょう。

言ってみれば、自分に残念賞をあげるのです。

結果はダメだったけど、努力はした。挑戦はした。

それをあなたがねぎらってあげなければ、誰がほめてくれるのでしょう。

もちろん、気分的には、「あ〜あ、がっかり」となるでしょうが、そのときこそ、自分に努力賞、挑戦賞をあげて、よくやったとねぎらってあげてください。

多くの人は、残念賞どころか、体育館の裏に連れていって、ボコボコに殴るといった感じの精神的暴行を自分に与えています。

人に優しい人でも、自分には批判的に辛く当たってしまいがちです。

そういうときは、いったんふりあげた握り拳を下げて、深呼吸するのです。

その失敗は、誰のせいでおきたのか？

いろいろ考えて、たまたまうまくいかなかったのだから許してあげよう、次もがんばれるように励ましてあげよう、と考えてください。

もし、あなたの大親友が挑戦して、うまくいかずにがっかりしていたとしたら、その人にむかって、

「なんであんなことしたんだ！」

「おまえは、バカだ！」

などと罵倒《ばとう》するでしょうか？

自分を親友のように扱って、ほめてあげましょう。よくやった！　と。


失敗をする。しかし、それが人生の一番のターニングポイントだと思う。

——塚本幸一（ワコール創業者）

11

孤独を感じたら、自分を愛おしく思う

一人暮らしの人が増えてきて、日常的にひとりの時間を過ごす人が増えています。

友人で一人暮らしをしている人が、四日ぶりに面と向かって人と話したけど、それはスーパーの店員さんだったと言った人がいました。

通販などで買い物が便利になってしまったぶん、家にひきこもりがちになると、宅急便の人としか話さないという人も多いのはないでしょうか。

特に、自営業の人で、家でできるような仕事をしていると、数日誰とも話さないことは意外に普通なのかもしれません。

家族がいれば別ですが、一人暮らしだったりすると、週末一人で過ごすこともよくあるのではないでしょうか。親しい友人があまりいないと、孤独を感じる人も多いでしょう。

たまに、「寂しくて仕方ありません。どうしたらいいですか？」

と聞かれることがあります。

一人暮らしで、仕事もあまり人と会うようなものではない場合、人との接触が本当に少なくなるのです。

孤独に対しては、処方箋《しょほうせん》がいっぱいあります。

自分がひとりぼっちに感じるとき、自分で人間関係を切っていることがあります。人間関係をもつのが下手な人は、仕事においても、家族に対しても、自分の思いを伝えることができません。

そして、なんとなく、一人でいることを選択するのです。

友人から誘われても、仕事を理由に出かけないようにしていると、そのうち誘われなくなります。

誰とも親密な関係をもたないようにしていれば、寂しくなるのは当たり前です。

そういう場合、自分から何かをしなければ、孤独な状態から出られません。

あなたが、まだ若くて健康なら、介護ヘルパーさんや福祉関係の人が家に来てくれることもありません。

寂しい生活から出るためには、努力がいるのです。

このあたりまえのことに気づき、積極的に孤独の繭《まゆ》から出るという意図をもつことです。

自分から何かのイベントに出ていく。講演会、展覧会、パーティーに出かける。友人の家に遊びに行く。趣味のサークルに入る。おもしろそうだと思うことを始める。

あなたができることは、たくさんあります。

孤独を感じたときは、自分を愛しいと思うことからはじめましょう。

いろいろ行動しているうちに、また違った感覚になるはず。

孤独なとき、人間はまことの自分自身を感じる。

——レフ・トルストイ（ロシアの小説家）

2章

物事の見方ひとつで、世界は変わる

12

ほとんどの問題は、とらえ方ひとつで変わる

今、あなたは、何か問題を抱えていますか？

それは、勉強、お金、恋愛、仕事、健康、人間関係など、さまざまな分野のことでしょう。

ひどいと、ご飯もノドを通らないかもしれませんし、ちょっと落ち込んでいるぐらいかもしれません。

「人に嫌われた」「仕事や勉強で結果が出ない」「プロジェクトがうまく進まない」など、たいてい自分の意のままに物事が進まないときに、試練はやってきます。

私も、これまでたくさんの問題を扱ってきましたが、そのたびごとに、考えることがあります。それは、ややおおげさですが、「人類の歴史で、自分と同じ問題をもったことがある人がいるだろうか？」ということです。

そして、考えます。「たぶん、いるだろうな」。そして、その人のことを考えます。その人は、その問題を抱えて、七転八倒したり、ウツっぽくなったり、もう人生そのものをあきらめようとしたかもしれません。

でも、その人の人生はそれで終わったのか？

そう考えると、「たぶん、終わっていない」という答えが出てくると思います。では、問題の答えを見つけたのかというと、見つけたかもしれないし、見つけずに別の方向性に進んだのかもしれないと想像します。

たとえば、大学受験に悩んでいたとき、成績を上げる方法を見いだしたか、そもそも大学受験をやめて、別の道を選んだのかもしれないわけです。

そうやって冷静に見てみると、今の自分の問題を問題にしているのは、「解決できない」と考えているからだということがわかります。

では、その問題に対して、一〇コ解決策をひねり出して、それをひとつずつやってみること。あるいは、その問題そのものの前提をひっくり返すことで、問題をなくしてしまうこと。その二つの道があることがわかってきます。

たとえば、会社で仕事がうまくいかなくて悩んでいる場合、仕事で結果を出すことに力を注ぐこともできます。あるいは、会社で働くという前提条件を変えてみたらいいことがわかります。

今の会社を辞めて、別の会社に転職していくか、フリーで仕事をすれば、今の問題はなくなります。

いずれにしても、今の問題からは、解放されるのです。

しかし、あなたには、悪いニュースがあります。フリーランスになったとしても、仕事で結果がでないと、それが新たな問題になります。

ということは、私たちはある意味、永遠に問題に追いかけられることになります。要は、どの問題だと楽しく取り組めるのか、辛いのかということでしょう。

あなたの問題を、ものの見方ひとつで解決してみましょう。

人生には幸せも不幸もない。ただ考え方次第で、どうにでもなるのだ。

——ウィリアム・シェークスピア（イギリスの劇作家）

13

思い込みが、あなたを傷つける

あなたは、最近、何か傷ついたことはありますか?

誰かに何かを言われた。誰かに何かを言ってもらえなかった。

誰かに何かをされた。誰かに何かをしてもらえなかった。

こう書くと、とてもシンプルですが、あなたの傷ついた理由は、集約するとたいていこの四つです。

人がどうしたら傷つくのかを知っておくと、ずいぶん楽になります。そして、自分やまわりの人の傷つくポイントを理解しておくと、お互いのストレスがぐんと減るでしょう。

ひとつずつ、見ていきましょう。

まず、誰かに何かを言われたとき、それが当たっていると思わなければ、ショックを感じません。たとえば、ガリガリに痩《や》せている人に向かって、「このデブ」と言っても、言われた人は何も感じないでしょうが、「おまえは痩せすぎだ」と言われると、傷つくかもしれません。

自分がどう思っているのか、そしてそれにたいして、悪いと思っていなければ、ショックは受けないのです。

たとえば、「おまえ、関西人だろ」と言われて、関西人でいることに恥ずかしさを覚えていたら、傷つくかもしれません。でも、関西に生まれたことを誇りに思っている人は、「そうや、めちゃラッキー！」と言うでしょう。

別のシチュエーションを見てみましょう。

仕事を一生懸命にやったのに、上司や同僚が何も言ってくれない。そういうときに、私たちは傷つきます。両親、子ども、友人でも同様です。プレゼントをあげたのに、ちゃんとした感謝もない。こういうときに、人は傷ついたり、イライラします。言ってもらえなかったことに傷つくのです。

ひょっとしたら、聞こえなかっただけかもしれないのに、です。

同様に、何かをされたとき、してくれなかったとき、傷つきます。

意地悪をされたとき、プレゼントのお返しをしてくれなかったときに、がっかりするのです。

でも、相手が忘れているだけかもしれませんし、何をあげたらいいのかわからなくなって、困っているのかもしれません。

相手が言うこと、言わないことには、理由があります。

それを調べていくと、多くの傷ついたシチュエーションの裏には、それぞれ理由があり、あなたが傷つく必要はまったくないかもしれないのです。

私のことが嫌いに違いない、この人には誠意がない、あの人は、ひどい人だと考える前に、それが本当かを調べてみましょう。

そして、もしそうだとしても、あなたが傷つく必要はありません。あなたのことが嫌いだとしても、それはその人の自由です。その人が、納豆が嫌いだからといって、落ち込む必要がないのと一緒です。


傷ついたのは、生きたからである。

——高見順（小説家）

14

迷っても、いい

私たちは、毎日、たくさんの選択をして生きています。

朝起きたら、先にトイレに行くか、顔を洗うか。

会社に行く道だって、何通りもあるでしょう。

お昼に行くときも、何処に行くのか。レストランについても、何を食べるのか決めなければならないのです。

レストランのランチメニューなら、失敗してもたいしたことはありません。

でも、これが人生の大切なことになると、悩んでしまう人も多いのです。

どの学校に行くべきか。何を勉強するべきか。どの会社に就職するべきか。

好きになった人に告白したほうがいいのか。それとも、タイミングを見たほうがいいのか。

いったん迷いだしたら、グルグル周りです。以前、レストランで隣のテーブルの女子高生が友人に恋愛の相談をしていたのが、耳に入りました。

ずっと、聞いていたわけではありませんが、漏《も》れ聞こえてくる内容から判断すると、一人は数時間ずっと同じようなことをたずね、そしてもう一人の友人はずっとアドバイスをしていたようでした。

こうなってくると、何に迷っているかすら、わからなくなってしまいます。

これが、迷いの本質でもあります。

何かを決めることで失敗するぐらいなら、混乱してでも決めないでおく。

そして、優柔不断な自分を責めてみたり、落ち込んでしまいます。

私も、以前は決めるのが苦手で、できるだけ何も決めないようにしていました。できれば、誰かに決めてもらいたいとずっと考えていたのです。

でもメンターに、「決めないと、人生が止まったままになるよ」と言われて、すごく納得したことがありました。

それでも、しばらくは決められないままでした。

決めようとすると、怖くなって頭が真っ白になってしまうのです。

あなたも、私と似たようなタイプだったら、よくわかるのではないでしょうか。その後、そんな自分にイライラして、落ち込むのがパターンです。

私たちが決められないのは、自分を間違った選択から守るためです。

「そうか、自分が優柔不断なわけではないんだ」ということがわかったとき、とっても楽になりました。それは、なんとなく自分が欠陥品のような感じがしていたからです。

それからは、迷う権利を自分に与えるようにしています。「迷ってもいいよ。好きなだけ迷っていい」と自分に話しかけるようにしてみたのです。

すると迷っている時間が、ばかばかしくなりました。

あなたも迷ったら、もっと迷ってみようと思ってください。逆に、すぐに答えが出るかもしれません。

人間は、努力する限り、迷うものだ。

――ゲーテ（ドイツの詩人）

15

怒り、悲しみ、嫉妬、憎しみを無視しない

私たちは、マイナスの感情と向きあうのがとっても下手です。なので、悲しいことがあったときも、あたかもそれがなかったように振る舞います。たとえば、ある小学校で、クラスメートの女の子が亡くなったとき、その子のことをできるだけ思い出さないようにする先生がいました。「みんなで歌を歌うと、コーラス係だったその子のことを思い出すから、歌うのをやめた」そうですが、私は、これはまったく逆ではないかと思います。

彼女がいなくなった痛みと向き合うことで、悲しみを処理していけると思います。そのためには、その子のことを思い出しながら、みんなで歌ってあげることが、その子の死を受け入れ、悼《いた》むことになるのではないでしょうか。

残念ながら、死や悲しいこと、辛いことは、できるだけなかったことにするような風潮が世の中にはある感じがします。

離婚したばかりだったり、身近な誰かが亡くなっても、一日じゅう泣いていることはあまり許されないのではないでしょうか。

将来の社会では、感情的に辛いことがあった場合、「悲しみ休暇」といえるものを取る制度ができると私は考えますが、現時点では、まだ社会がそこまで悲しみと向き合うことに準備ができていないようです。

怒り、嫉妬《しっと》や憎しみの感情もそうです。学校や職場で怒りを表に出す人がいれば、まわりからは感情的に不安定な人だと思われて、いい評価はされません。

あなたは、どういうときに、怒りを覚えますか？

また、どういうときに、悲しみを感じるでしょうか。

怒り、悲しみを感じるとき、ある一定のパターンがあるはずです。

たとえば、自分の話を聞いてくれない。

その怒りを抑えずに感じてみましょう。

家にいるときに、クッションを叩いてみたり、怒りをはき出すのです。

怒りを感じ尽くせるようになれないと、ワクワク、喜びなどポジティブな感情も感じられないままになります。

ポジティブな感情は、世間的に認められているのですが、本当にうれしい！最高だ！と感じたり、表現するのも、なんとなく気恥ずかしい人が多いのではないでしょうか。

あなたが悲しいときは、思い切り泣いてください。怒りを覚えたときも、それを感じ尽くしましょう。

嫉妬したとき、憎しみを感じたときも、正直に認めてみるのです。そして、落ち着いたら、それがどういう怒りなのか、嫉妬なのか、憎しみなのか、正確に把握することが大事です。

感情は感じ尽くさずに抑圧すると、思わぬところで、暴発します。ネガティブな感情にふりまわされないように、しっかりと向き合いましょう。

幸せが訪れても、悲しみに出合っても、
心を開いて、それらを味わいなさい。

——ジョン&リン・セントクレアトーマス

16

道は、いくらでもある

私たちは物事が思いどおりにいかないと、がっかりします。

第一志望の大学（会社）に落ちたから、もう未来はない。

大好きだった人にふられた。

もう一生誰にも愛されないと感じてしまうかもしれませんが、はたしてそうでしょうか？

『日本経済新聞』の「私の履歴書」は、各界の著名人が自分の半生を振り返って、思い出や業績を語るコラムで、私は必ず目を通すようにしています。

今、それぞれの分野で大成功した人の話も、若いころの話が一番おもしろいように思えます。

共通しているのは、たいてい、思った進路に進めていないことです。

理系に行きたかったのに、受験に失敗した。入社試験の当日に電車の事故があって、面接に行けなかった。

そういう偶然がおきて、予想外の人生になっているのです。

でも、自分の望みと違ったからダメかというと、必ずしもそうではないようで、元の道に行っても、成功しなかったかもしれないと本人が語っていることがよくあります。

そうやって考えると、うまくいかないことがあっても、それは、自分の行くべき道ではなかったぐらいに思うのも、心の平安のためには大事なのではないかと思います。

そのためには、どんなときでも、いくつもの可能性を見るセンスを磨いておくことです。

あなたは、これからの人生の生き方を一〇通りぐらい言えますか？

そして、その可能性のなかで、一番ワクワクして面白そうなものを選んでいるでしょうか。

たとえば、転職してまったく違う仕事をやる。田舎に引っ越して農業をやる。海外に移住する。大学に入り直して医者になる。陶芸家になる。

そういうイメージが次々わいてくるとしたら、ちょっと将来が楽しくなりませんか？

そして、いろいろできるけど、今の仕事を選んでいると考えれば、なんだか得した感じになります。

多くの人は、今の生き方を誰かに決められて、今の仕事をさせられているという感覚で生きています。

それは、自分の人生を楽しんでいないという点で、もったいないことです。

本当は、その人の人生なのに、自分のものだという実感がないのです。

どんなときも、自分の可能性をいくつも考えて、一番面白そうな道を選びましょう。

道のありがたみを知っているものは、道のないところを歩いたものだけだ。

――大島亮吉（登山家）

17

どんなときも、希望を捨てない

私たちは、うまくいかないことがあると、簡単にあきらめがちです。

また、いろんなことが重なって、すべてを投げ出したくなる衝動にかられることがあります。

「もうたくさんだ」「なんでこんなことをはじめてしまったんだろう」「失敗するとわかっていたのに」「やっぱり、あの人は自分のことが嫌いだ」など、愚痴《ぐち》っぽい気持ちが出てきます。

そして、そもそも何かをやろうとした自分にたいして批判的になり、あきらめてしまうのです。

でも、私たちは、簡単にあきらめすぎているのかもしれません。

たとえば、セールスの研究で、セールスマンにあともう一回「いかがですか？」と言われたら、「買ったと思う」というお客さんは、けっこういることがわかっています。

同じように、「つきあってください」と言われて、そんなにイヤな人ではないんだけど、断ってしまったという体験をもっている人は多いでしょう。

もう一度、違う洗練されたアプローチで来られたら、YESと言ってしまったかもしれないのに、そこであきらめてしまっている人は多いのです。

仕事でも、あともう一回試してみたり、もう一度会ってみるだけで決まった商談がたくさんあるはずです。

健康面でも、いろいろな病院に行ってみて、はじめていい治療法が見つかるといったことがあります。

途中であきらめなければ、本来望んでいた結果、いやもっとすごい成果が得られたかもしれないのです。

では、どうして私たちは、簡単にあきらめてしまうのでしょうか？

それは、私たちが「がっかりする」ことに慣れていないからだと思います。がっかりする可能性が少しでもあるなら、最初からやりたくないといったほうが正確かもしれません。

やりたいことができなかったり、夢が途中で挫折することはよくおきます。

うまくいかなかったり、がっかりするのは、もうゴメンだと思っている人は、たくさんいます。

彼らは、挑戦することをあきらめてしまっているのです。

残念なことですが、その先に、ワクワクするような未来はありません。

あきらめそうになったとき、思い出してください。

ひょっとしたら、見方を変えたり誰かに助けてもらったりすれば、状況がガラッと変わるのではないか。

そう考えはじめることから、次に打つ手が見えてきます。助けは、思わぬかたちでやってくることを忘れないでください。


「辛い」という字がある。もう少しで「幸せ」になれそうな字である。

――星野富弘（詩人、画家）

18

チャンスは、忘れたころにやってくる

一生懸命やっても、十分に報われないことは、人生で何度もあります。

仕事、恋愛など、努力したからといって、すぐにうまくいくとはかぎりません。

そういうとき、頑張ったわりには、まったく結果が出なかったり、新しい可能性が見えなくて、がっかりすることがあると思います。

逆に、努力すればするほど、空回りする感じで、「あ〜あ、何やっているんだろう?」と空しい気分になります。

たとえて言うと、砂に水を注ぐように、すべてが無駄になっているような感覚でしょう。

小学校ぐらいのときから、私たちは、何十回と、そんな体験をしています。

自分の努力、気配りは、誰にも気づいてもらっていないというイライラとともに、認めてもらいたい、結果を出したいという飢餓感を感じます。

その感情はあまり気分のいいものではなく、多くの人が人生で挑戦をやめてしまう理由にもなっています。夢を実現しようと挑戦しても、「どうせ、うまくいかないに決まっている」というあきらめにも似た感情に、ジリジリと焼かれるような気分になると思います。

三〇代を過ぎると、大多数の人が夢を見ることをあきらめて、目の前の仕事、家事に追われて、何も考えないようになります。

頭を使うときは、今の仕事に関する部分だけ一生懸命ですが、自分の人生をどうするべきかといったことには、ほとんど使わなくなります。

チャンスに備えている人はごく少数です。なぜかというと、いつやってくるかわからないお客さんのために、食事を用意するようなものだからです。

成功している人は、このことをよく理解しています。

「捨てる神あれば、拾う神あり」ということわざがありますが、まさしく、人があきらめたときに、新しい神さまがやってくるものです。

ある意味では、チャンスは忘れたころにやってくると言えるでしょう。

普段の生活で、自分のやりたいことがなかなかできないことがあります。

運命のリズムがかみ合わないとき、うまく物事が進まないときがあります。

そういうときに、「そろそろチャンスがまわってくるぞ！」とワクワクしながら一生懸命準備をしている人と、「いや、これだけやってもダメなんだから、うまくいかないさ」といって、落ち込む人には、大きな差が出ます。

成功者にインタビューをすると、「競争相手がほとんどいなかったから、意外と途中からはラクだった」と言う人がいます。

それは、みんな途中であきらめるので、競争相手がいなくなったということなのでしょう。

あきらめなければ、チャンスはやってくるのです。

チャンスを手にして利用しなかったら、
神様に取り上げられてしまっても文句は言えない。

——モリエール（フランスの劇作家）

19

苦しみ、悩みは、生きている摩擦で起きる

私たちは、なぜ悩むのでしょうか？

そして、どうして落ち込むのでしょうか？

どうしていろんなことに、不安を感じたり、心配するのでしょう。

そのメカニズムがわかったら、少しは楽になるのでしょうが、気がついたら落ち込んだり、悩んだり、苦しんでしまうのではないでしょうか。

そんなとき、冷静に考える機能はとっくに停止して、「心配・落ち込みモード」になってしまっているはずです。

そうなると、あとは自動的に、心配のドミノ倒しです。

「こんなことがおきたらイヤだな」

「ひょっとしてこうなったら、どうしよう？」

未来に対して悲観的になり、過去に対しても批判的になり、「自分の何がいけなかったんだろう？」と考えてしまいます。

あるいは、

「なぜ、こんなに苦しいんだろう？」と自分に問うようになります。

すると、それに応じた返答が返ってきます。

「それは、おまえが男運、女運がないからだ」

「無能だから仕事ができない」

「もっと、がんばればよかったのに」

そういう答えを自分で導き出しては、また落ち込み、悩みのモードに深く入ってしまうのです。

悩みがあってはいけない、苦しみはないほうがいいと考えがちですが、はたしてそうでしょうか。

まったく落ち込むことのない生活にあこがれるかもしれませんが、現実的にはそううまくはいきません。

それは、私たちが生きているだけで、周りの人たちとの摩擦が自然と生じるからです。こうなってほしい、こうあってほしいと考えるので、それが現実とのギャップになり、それがストレスの原因になっているのです。

その摩擦が悩みの種になるわけですが、それがイヤだからといって、人間関係をもたないようにしてしまうと、今度は孤独が募《つの》ります。

なので、ある程度の摩擦を覚悟して生きるか、さみしく生きるかのどちらかの道しかないとも言えます。

摩擦は、ストレスを生みますが、不幸な状態ばかりを生むわけではありません。家族との問題で悩んでいる人は、家族がいる喜びを忘れがちだし、仕事の問題で悩む人は、自分が健康であることを忘れがちです。

そういう自分のもっているもの、手のなかにあるものの存在がわかれば、ずいぶんと感じ方が違ってきます。

人生には摩擦はつきものだと考えておくと、イライラはだいぶ減るでしょう。

楽しんでやる苦労は、苦痛を癒すものだ。

——ウィリアム・シェイクスピア（イギリスの劇作家）

20

自分の過去の失敗を笑い飛ばす

自分の過去の失敗を思い出すとき、イヤな感じがする人は多いと思います。なかには、できるだけ思い出したくないという人もいるでしょう。

失敗は心の澱《おり》となって、深いところで暗く固まっています。そんなイヤな思いを二度としたくないので、新しいことに挑戦せず、できるだけ波風を立てないように生きている人も多いのではないでしょうか。

心が自由になるためには、過去を受け入れて、いろんなことを許すことが大切になってきますが、受け入れる前に、思い出すというプロセスを経なければなりません。

以前、私が参加した四週間にわたって行われるワークショップで、「過去を完全に受け入れる」というテーマを扱ったことがありました。

過去の自分の失敗、トラウマをコメディーショーにするというものでした。おもしろそうだと思ったものの、いざ六人のグループに分かれたら、どんよりしてしまって、誰も口を開かなくなりました。

気を取り直して、メンバー全員が過去の失敗やトラウマに関して話そうとしてみたものの、しんみりしがちで、とてもコメディーのようにはなりません。

一人が勇気を出して、自分の恥ずかしい失敗の話をしてから流れが変わりました。お互いに支え合って、失敗の話をしているうちに、過去に大失敗だと思っていたことが、どこか、とてもおかしく感じられるようになりました。

若いときに起業で大失敗した老年の男性。駄目な男に貢いで、お金を損した若い女性。離婚してウツになった中年の男性。

誰にも言ったことがなかった話をするうちに、みんな徐々にですが、過去の自分の人生を受け入れられるようになっていきました。数週間かけたので、過去の痛みや悲しみが癒されていったように思います。

ワークショップが終わるころ、順番に自分の人生のトラウマをおかしく扱う寸劇を披露することになりました。

最初は、何とも言えない緊張感がありましたが、次第に笑いがではじめ、最後のころには、みんな笑いと涙でぐちゃぐちゃになりました。

自分の失敗をおもしろおかしく話せるようになる過程で、失敗をいろんな角度から見られるようになりました。

必ずしも、そんなに悪いことではなかった。恥ずかしいと感じていたけど、みんな体験しているのです。視点を変えたら、けっこう笑える話ばかりです。

自分で笑い飛ばせるようになって、失敗が怖くなくなりました。

なぜなら、失敗しても「ネタが増えた！」と思えるからです。

私の講演でも、アメリカの誰でも受かる運転免許の試験に落ちた話などをすると、とっても喜ばれることが多く、人は失敗の話を聞くのが好きなのだと実感します。

あなたも、とっておきの話をいくつか用意してみましょう。


人生は近くで見ると悲劇だが、遠くから見れば喜劇である。

――チャールズ・チャップリン（イギリスのコメディアン）

21

「そのうち、意味がわかる」と考える

これまでの人生をふりかえって、すべての出来事に納得している人はごく少数です。どちらかというと、「?・?・」という感じで過去を振り返ることのほうが多いかもしれません。

それは、ポジティブな意味でもネガティブな意味でも同じです。

「なぜ、うまくいかなかったのか?」

「どうしてあのタイミングで、助けてもらったのだろう?」

「何も努力していないのに、うまくいったのはどうして?」

そういった、疑問がいっぱい出てくるものです。

けれども、そのほとんどの答えは、見つからないことが多いのです。

どちらかというと、意味がわかる、納得できることよりも、「なぜかよくわからない」ことのほうが多いものです。

プラスのことも、マイナスのことも、数カ月、一年、場合によっては、二、三年、あるいは一〇年以上経《た》って、ハッと理解できることがあります。

知り合いで、父親が事業に失敗して、三億円の借金を引き継いだ人がいました。彼は、相続を放棄することもできましたが、父親が作った借金だからといって、自分が一生かけて払うと決めました。

その後、勤めていた会社を辞めて、父親の会社を経営することになりましたが、まったくの素人からはじめたので相当苦労したようです。でも、命がけでやったので、その借金をなんとか一〇年で完済することができました。

その後、同じ勢いで会社経営を続けたので、返した借金のぶんが今度はそのまま貯まっていき、たった数年で資産家になりました。

一時は、借金を残した父を恨《うら》んだこともありましたが、十数年後、資産家になったことを考えると、今は感謝しかないと言います。

「父は借金を残したのではありません。情熱と本気と稼ぐ力を残してくれたんです」とさわやかに語る彼の顔は輝いていました。

私たちは、次が見えないとき、「これって、意味があるんだろうか？」と考えがちです。

そのときはわからないこともたくさんありますが、時が来れば、自ずとその意味がはっきりすることはけっこうあります。

人生をもっと信頼することができれば、細かなことで悩む機会は減ります。

今の自分にはわからないけど、「今はこれがベストなんだ」とさえわかっていればいいのです。

あなたも、「これって、どういう意味があるんだろう?」と考えはじめたときは、よくわからないけど、「そのうちわかる」と気軽にとらえ直しましょう。

そうすれば、それが感謝とともにわかるときが、やってきます。

すべてをいますぐに知ろうとは無理なこと。
雪が解けてくれれば見えてくる。

——ゲーテ(ドイツの詩人)

22

うまくいかないときは、別の道を探す

私たちは、何かをやろうと思ったとき、少しうまくいかないぐらいで、あきらめるのはよくないと考えがちです。

「いったんはじめたことは、完了させなさい」

「中途半端なことはよくありません」

などということを、とても小さなころから言われます。

学校に入ってからも、部活動などですぐに辞めようとすると、それはよくないことだと叱られた人も多いのではないでしょうか。

我慢を表すことわざで、石の上にも三年といいますが、石の上に三年も座ってはいけないという考え方もあります。

人生では、いろいろやっても、うまくいかないときがあります。仕事でも恋愛でも、報われないまま、ダラダラと関係が続くとき、もう少し頑張れば何とかなるかもしれないと思う反面、苦しくてやっぱり無理かもと感じたりもします。

そのときに、同じ場所で、もっと頑張ったほうがいいのか、スパッとあきらめて、次に行ったほうがいいのか悩むところです。

そういうとき、我慢強い人ほど無理しがちです。まるで、それを試練のようにとらえて、自分に苦行を強《し》いるのです。

もちろん、それで結果が出る人もいるので、そういう場合はハッピーエンドですが、多くの人が、途中で心と体のバランスを崩します。

一生懸命やっても、ダメだなと思ったときは、思い切って辞めてしまうのもひとつの方法です。

なぜかというと、あなたがいる場所があなたに合っていない可能性もあるからです。そういう場所でどれだけ頑張っても、結果はでないでしょう。

今の場所が辛いと感じたら、どこが辛いのかを考えてみましょう。結果が出ないことが辛いのか、環境が楽しくないから辛いのか。

よく見てみると、自分が今の環境にまったく合っていない可能性もあることがわかります。

「そうか、結果が出なかったのは、環境のせいだ」と直感的に思ったら、まったく違う道に行くタイミングです。言い訳かもしれませんが、それでも別の道に行ったら、もっと幸せになれる可能性があります。

今のままの環境で芽が出ないと思ったら、意識を変えて、新しい道に進んでみましょう。

これまでに出会った成功者の多くが、途中で自分の道を大幅に変えて、うまくいっています。それまで全然ダメだった人が、別の環境に移ったら、天才的な才能を発揮することだってよくあるのです。

自分を追い込まずに、別の道を探してみましょう。

きっと、あなたが輝く道が見つかるはずです。


いつか、必ず、チャンスの順番が来ると信じなさい。

――秋元康（プロデューサー）

23

苦しい過去が、幸せな未来をつくる

これまでに、苦しかった体験がない人は、まずいないでしょう。

そして、これまでに幸せを感じたことがなかった人もいないと思います。

ということは、あなたは両方の感情を体験してきたことになります。

私たちは、「ずっと幸せでいたい」と願いますが、現実的にはそうならないことも知っています。

そして、「できれば苦しい思いはしたくない」と思いますが、それもなかなかかなわないことを知っています。

もし、過去の不幸な体験、苦しかったことが、今の幸せをつくっていることを知れば、もっと楽になりますし、苦しい体験を恐れなくてもすみます。

私たちの不安や心配は、将来、苦しい目にあうことへの恐れからやってきます。苦しい体験が必ずしも悪いものではないと知ることができたら、ふだんから穏やかに過ごすことができるでしょう。

興味深いのは、今とっても幸せな人ほど、過去にすごく苦労をしているということです。

過去に不幸だった人は、ちょっとしたことにも感謝できるし、幸せを見いだせるのです。

私は、学生時代に、お風呂がない四畳半の部屋に住んでいたことがあります。夜遅く帰ると、お風呂には入れず、トイレの水で体を拭く生活を一年間していました。なので、温かいシャワーを浴びるたびに、お湯が自由に使える生活に感謝の気持ちがわきます。

また、アメリカで一年間旅をしながら、先々で居候生活をしていたとき、ソファーや床にそのまま寝ることもよくありました。

なので、自分専用の布団がある、ベッドがあるだけでも、感謝することができます。毎晩、寝るときはベッドを撫でて、感謝してから眠りにつきます。

小さいころ、お金に恵まれなかった人は、貧困の大変さを知っています。

事業に失敗して、お金がなかった人は、毎日の食事の心配をしなくてすむ喜びを知ります。また、人の親切が心にしみる体験をいっぱいしているでしょう。

苦しい体験は誰だってしたくはないものですが、そのぶん、ちょっとしたことに感謝できるようにもなります。

あなたの過去の辛い体験を思い出してみてください。

そのときから比べたら、今は幸せになっているはずです。

恋人が見つからなくて、ずっと寂しい思いをしていた人は、誰か愛する人がいるだけで、神様に感謝するでしょう。お金がなくて困っていた人は、今の安定した生活に感謝できるはずです。

辛いときは、とてもそんな余裕はないでしょうが、いずれ、これが何かの役に立つのかなぁと考えるだけでも、少しは楽になるかもしれません。

幸福は、幸福な人には見えません。
もしも、不幸になったら、そのとき幸福が見えるはず。

――やなせたかし（漫画家）

3章

少しの勇気が、
あなたの人生を変える

24

「人生の回り道」を楽しむ

長い人生のなかで、遠回りをせざるをえないことが、しばしばおきます。

それは、受験の失敗や留年、病気などで、同級生から数年遅れることかもしれません。

あるいは、仕事で左遷《させん》されたり、事業に失敗して、借金を返済するためだけに数年かけるといったことです。

そこまでネガティブでなくても、子育てで数年ブランクができるといったことも、本人にとっては、遠回りに感じるかもしれません。

私たちは、つい最短距離で行きたいと考えがちですが、そんな人生は現実的ではありません。

最短距離どころか、全然違う方向に行ってしまうのが人生です。

そして、うまくいっていても、途中から遠回りさせられることもよくあるのです。『日本経済新聞』には各界の著名人が自分の半生を語る、「私の履歴書」というコーナーがあります。大きな企業の経営者もよく登場しますが、彼らの大半が、長いサラリーマンの生活のなかで、不遇な時期を過ごしています。主流派から外れ、地方の子会社に飛ばされたりしています。

興味深いのが、その遠回りが、後に経営者としてとても役に立っていたりすることです。

遠回りも長い目で見れば、実はその人の人生にとって大切な時間かもしれないのです。

最短距離を行っている人は、余裕がないし、周りの人に対しても、能率を求めがちです。一方で、道草ばかり食ってきた人は、どこか穏やかでのんびりしているところがあります。

「まぁ、なるようにしかならない」ということを体験で悟っているのです。

また、速く走ったから早く目的地に着けるわけでもありません。

逆に、遠回りしたほうが近道を見つけることにつながったりもするのです。

あなたは、これまでに道草をしたことがありますか?

学校や会社の帰りに、ダラダラと関係のない場所に寄り道したり、友だちや同僚と行ったことがないところに出かけたりしたことがあるはずです。

そのとき、ふだん感じられない解放感とワクワク感を感じませんでしたか？それは、ちょっと冒険にも似たようなスリルだったかもしれません。道草のない人生と、ある人生。どちらが楽しいかといえば、回り道、寄り道がある人生のほうが何倍も楽しいはずです。

今度、人生で遠回りをしている、ムダなことをやっている感じがしたら、それを道草だと思ってください。

今はわからなくても、きっと後で、そのムダが役に立っているとわかるときがやってきます。

それを神様からの贈り物だと考えてみましょう。

五年道草をくったら、五年遅く生まれてきたと思うのだ。

——吉川英治（小説家）

25

「〜やらなかった」後悔を減らす

後悔ほど、人生で辛いものはありません。

なぜなら、怒りは瞬間的なもので、しばらくしたら収まります。悲しみも、ある程度時間とともに薄れていく可能性があります。

でも、後悔ほど、ゆるく長くあなたの心を蝕《むしば》むものはないのです。それは、あのときにできたかもしれないという可能性が、あなたを苦しめるからです。

「あのとき、告白していれば……」「あのとき、転職の誘いに乗っていれば……」

そんななんともいえない感情が、あなたの生活を蝕むのです。

アップル創業者のスティーブ・ジョブズに一緒にビジネスをやらないかと声をかけられた人がいました。その息子の友人から話を聞いたことがあります。その人は、おもしろそうだとは思ったものの、リスクがありすぎると思って、スティーブの創業には加わらなかったそうです。そして、普通のエンジニアとしてサラリーマン生活を終えたそうです。お父さんに勇気がなかったがゆえに、自分は普通の生き方をせざるをえない。もし、父親がスティーブと仕事をしていたら、今ごろ、億万長者になっていたでしょう。

「なんで、あのときスティーブの誘いに乗らなかったの？」と定期的に家族に責められるお父さんは、かわいそうですね。

なぜかというと、そのときの誘いに乗らなかったことで、一番後悔しているのは、本人でしょうから。

安定志向の人だから、「いや、これでよかったんだ」と、頭では何度も自分を納得させようとしたはずです。

けれど、もし転職していたら全然違ったかもしれないという可能性は、ずっとチラチラしていたはずです。

人生に「もし……」はつきものでしょうが、それが多くの場合、その人を苦しめます。

興味深いのは、同じ「もし……」でも、やったことを取り消したい場合よりも、やらなかったときのほうが、後悔が大きいということです。

独立して失敗したことを後悔するよりも、独立しなかったほうが、胸をかきむしられるような辛さがあるようです。

あなたにも、何かをやらなかったことで、後悔していることがあるかもしれません。

人生で、もし後悔の少ない生き方をしたいのなら、今度やるかどうかで迷ったときは、とにかくやってみることです。

好きだったら、告白する。おもしろそうなことだったら、とりあえずやってみる。大失敗して、恥ずかしい思いをするかもしれませんが、それは後で楽しい思い出に変わります。

やらなかった後悔に苦しめられるよりは、はるかにいいでしょう。

迷ったら、前に出てみましょう。

今から二〇年後、あなたはやったことよりも、やらなかったことに失望する。

——マーク・トウェイン（アメリカの作家）

26

迷ったときは、ちょっと怖いほうを選ぶ

私たちは、日常的にいろんな選択を迫られます。

そして、その多くがストレスになります。

ワクワクするというよりも、失敗したくないという気持ちのほうが強いのではないでしょうか。

それが、ランチの定食ならまだしも、進学、留学、就職、独立、結婚など、人生を左右することの決断なら、なおさらです。

どちらにしたらいいか迷っています、という相談が何千件も寄せられていることからも、人は選ぶのが苦手であるということがよくわかります。

これまでにたくさんの方をインタビューした経験からすると、どちらを選んでも大差なかったのではないかとみなさん思っているようです。

選んだ後、どれだけその選択をすばらしいものにするのかが大事なわけで、どれを選ぶかは、長い目で見ると、あまり幸せには関係なかったりします。

とはいうものの、「間違った選択をしたくない」というストレスは、若いうちは異常なほど大きいものです。

結婚、就職など、安全志向になるのもうなずけます。

でも、心がワクワクしないまま決めてしまった結婚、就職ほど、人生をつまらなくするものはありません。

なぜなら、安定のなかには退屈が潜んでいるからです。大好きだ！　という気持ちがないのに、条件だけで結婚を決めてしまったとしたら、相手に対する感情が出ないままです。

また、どこでもいいけど、つぶれないところがいいという気持ちで就職してしまうと、毎日の仕事にワクワクすることはないでしょう。

この会社で働けたら死んでもいいという気持ちで入った会社なら、すべてが新鮮で、楽しいに違いありません。

では、迷ったとき、何を基準にすればいいかを考えてみましょう。

いろんな条件を考えてしまいがちですが、それらをいったんすべて忘れてしまいましょう。

そして、目の前にある選択肢をひとつずつ見て、自分の感情を見ます。

何も感じない、ちょっとワクワクする、怖いと感じるものがあると思います。

そのなかで、一番怖いと感じるものを選ぶと、あなたの人生は一番ダイナミックに動いていきます。

なぜなら、あなたが怖いと感じるもののほうにエネルギーがあるからです。

そちらの方向にいくことが、あなたを活性化することは間違いありません。

なぜなら、あなたのサバイバル本能のスイッチがオンになるからです。

迷ったら、ちょっと怖いほうを選ぶと、人生がおもしろくなります。

その怖いことが、あなたをワクワクさせるでしょう。

この世界に安全などない。チャンスがあるだけだ。

——ダグラス・マッカーサー（アメリカの軍人）

27

頑張った人には、運命の女神が微笑む

世の中には、頑張っている人と、頑張っていない人では、頑張っている人のほうが多いのではないかと思います。

勉強、部活に一生懸命な学生。懸命に子育てをしている人。仕事に情熱を傾けている人など、みんな頑張っています。

それぞれ、自分なりの形で誠実に生きているのです。

けれども、時には努力がまったく報われていないと感じることがあります。

「あれだけやったのに、意味がなかったわけ？」

「頑張ったんだけどなぁ。誰も認めてくれない……」

そんな気持ちになることがあるかもしれません。誰も見ていないんじゃないか、神様なんていないんじゃないかと、なんともやるせない感じで、脱力感を感じることでしょう。

でも、マラソンに出場しない人が、メダルを取ることはありません。

打席に立たないと、ヒットやホームランは打てないのです。

まず、あなたが試合に出なければ、何もおきません。

そして、いったんやりはじめたら、一定量の努力を続けないと、何も生まれてはこないでしょう。

最初のころはワクワクしても、普通はしばらくすると、そのエネルギーが大幅に減ってしまいます。

途中のスランプを乗り越えて、やり続けることができるかどうかが、あなたの人生を決めることになります。

あなたが、「これってムダかなぁ」と思っても、地道な努力は誰かが見ています。誰も見ていなかったとしても、その努力は、あなたの身につきます。

手を抜かない人、かっちりやりきる人は、どの世界でも評価されます。

また、自分が努力しているように感じないぐらい、一生懸命にやれる分野を選ぶことも大事です。

今、成功している人の全員が、普通の人の何倍も努力をしています。練習をサボってばかりの人は、一流の選手にはなれません。

音楽家でも、毎日練習しない人が、プロとして活躍しつづけるのは難しいでしょう。同じように、普通の仕事をしている人も、スポーツ選手と同じように毎日何らかの練習が必要なはずです。

それは、日報を書くことかもしれませんし、企画書を書くことかもしれません。それをやるように人から言われなくても、プロとして生きるなら当然だという感じでやっている人は、誰かに引き上げられることになります。

あなたの努力は、長い目で見れば、必ず誰かに評価されます。途中でやめないで、ぜひ続けてください。

きっと、やっていてよかったという日がくるはずです。

つねによい目的を見失わずに努力を続けるかぎり、最後には必ず救われる。

――ゲーテ（ドイツの詩人）

28

誰も、あなたの人生を変えてはくれない

あなたには、心の底から大事にしてくれる親友が何人ぐらいいますか？

彼らは、親身になって、あなたのことを考えてくれますか？

あなたが間違った方向に進んでいたら、「それは違うよ！」と忠告してくれるでしょうか？

もし、そういう親友がいたなら、あなたはとてもラッキーな人です。

でも、私たちの大半は、そこまですばらしい友人がいません。家族でも、夫婦でも、あなたの仕事のやり方、生き方に、そこまで口を出してくることはないでしょう。

あまりにも、その人の人生を台なしにしていたり、体に負担がかかっていたら言うかもしれませんが、そこまででなければ、心では思ったとしても、口には出さないかもしれません。

「あなたは、もっとこういう仕事をしたらいいのに」とか「君には、そんな仕事は向いていない」とか夫婦で言い合う人も稀《まれ》です。

どちらかというと、相手を尊重して、愚痴を聞いてあげる人のほうが多いのではないでしょうか。

両親も、いったん大学を出て就職したら、細かいことに口を出さないでしょう。大企業を辞めて独立したいと言い出したら、反対するかもしれませんが、それ以外は、あまり何も言ってこないと思います。

キャリアプランニング、結婚など、人生の大切なことをまわりが決めてくれるわけではありません。

相談したら、話を聞いてくれる友人はいるでしょうが、それでも、あなたの代わりに人生設計をしてくれるわけではありません。

では、あなたは、自分の将来について、どれほど時間をかけていますか。

自分の人生が最大限に活かされるように、あらゆる角度から検証し、可能性についてリサーチしているでしょうか。

ひょっとしたら、自分の将来よりも、仕事でやっている新商品のマーケットリサーチのほうに時間をかけているかもしれません。

でも、あなたにとって、どちらが大事でしょうか。

あなたが真剣に向き合わないと、未来の可能性がどれだけあるのか、どこにあるのかが、見えてきません。

たとえば、大学院に戻ったり、留学したり、海外でキャリアを積むこともできるでしょう。また、他社に転職して本当にやりたいことを追いかけるのもありかもしれません。

独立することで、あなたの才能が輝く可能性もあります。

あなたが、自分の人生の責任者であることを思い出してください。

そして、どう生きれば幸せになるのかを考えてみましょう。

あなたが輝く場所は、自分で探すのです。

世界でもっとも素晴らしいことは、自立の方法を知ることである。

――モンテーニュ（フランスの思想家）

29

「自分が人生の所有者である」ことを思い出す

あなたは、自分の人生を一〇〇%自分のものだと感じていますか？

驚くべきことに、多くの人が自分のものではないと感じて生きています。

たとえば、子どもが小さい専業主婦は、自分の時間はほとんどないといいます。また、仕事で忙しいビジネスマンは、一〇〇%自分の時間を自由に使っているという感覚はほとんどないでしょう。

私たちは、誰かに強制されているわけではないのに、なぜか、「誰かに無理やり今の人生を選ばされている」と感じているのです。

たとえば、サラリーマンやOLは、会社に人生を支配されている感じがしているかもしれません。

主婦は、子どもや旦那さんに、旦那さんは、妻と子どもと会社と両親に支配されている感じがしているはずです。その証拠に、両親から電話がかかってきたりすると、何かをしなくてはいけないと感じるはずです。それは、実家に顔を出すことだったり、家族の介護の相談に乗ることかもしれません。

今忙しいから話せないという自由はない感じがするでしょう。会社に関しても、たいていのことはやらなければいけない感じがしているはずです。

でも、ここで考えてみましょう。

あなたは、自由意志で家族をもち、今の会社と雇用契約を結んだはずなのに、どこかで、彼らのいいなりにならなければいけないと感じていませんか?

あなたが愛する人と一緒にいるからといって、相手の望むように動く必要はないのです。

また、会社とも、一カ月何時間働く、こういう業務に携わるといった契約をしたはずですが、あなたの自由時間や思考回路まで、会社に差し出す必要はないはずです。

けれど、どこかであなたの人生は、家族のもの、会社のものになってしまっているのです。

あくまで、あなたの人生はあなたのもので、あなたが所有していたはずです。自分が所有者であるということを思い出しましょう。

そして、そのうえで、自由意志で家族のために、会社のために何かをしてあげたらいいのです。

おもしろいことに、自分が人生の所有者だという自覚をもったうえで、相手に心を込めてやってあげられるようになると、以前とまったく同じことをやっているのに、気分が全然違うことに気づくと思います。

それは、人が何かをやるとき、強制させられる場合と、自由意志でやる場合の違いです。

自分の意志でやっているという感覚があれば、そこまでイヤなものでもないのです。進んで嫌いなことをやると、嫌いではなくなるのが不思議です。

自分の運命は自分でコントロールすべきだ。
さもないと誰かにコントロールされてしまう。

——ジャック・ウェルチ（アメリカの実業家）

30

勇気とは、本当の自分と向き合うこと

あなたは、ふだん、どれくらい自分と向き合う時間をもっていますか？

カフェでひとりになって、「自分が何をやりたいか」を考えたり、寝る前に瞑想《めいそう》して、「自分は何を感じているのか」を見つめたりするような時間です。

私たちは、日常の忙しさに流されて、自分を見失いがちです。

自分が本当にやりたいことは何か。人生は思った方向に進んでいるか。大切な人間関係を本当に大事にできているか。

そういったことに時間をかけないと、一〇年経ったら、本来望んでいたのと違う方向に流されてしまうことになります。

それが、ひいては人生の意味を見失ったり、ウツになったり、病気になったり、結婚生活が破綻《はたん》する原因になります。

今は、まあまあ好きな仕事をやっているし、家族との関係も良好。お金も少しあるし、健康だし、不満もあまりない。

そういうときこそ、大きな視点で、自分の人生を俯瞰《ふかん》してみましょう。

たぶん、本当はもっとすばらしい人生を生きられたかもしれないのに、ずいぶん低いレベルで手を打っている可能性があります。

たしかに、草野球で活躍していれば、まわりから頼りにされますし、満足かもしれません。そして、必ずしもプロに進むことがベストではないでしょう。

しかし、プロでプレーできたかもしれないのに、草野球の四番打者で満足しているかもしれないのです。

もっとあなたの才能を発揮できる会社を探して転職することだってできるはずです。

いろんな可能性があるのに、今の仕事で適当にやって、たいした人生になっていなかったとしたら、つまらないはずです。

自分のやりたいことができたかもしれないのに、社会的にある程度認められているから、辞められないという人はたくさんいます。

そういうときにこそ、「本当に自分の人生はこれでいいのか？」と考えることは重要です。

今、あなたは、過去から見ると、これまでの人生でもっとも年老いていますが、未来から見ると、もっとも若いのです。

今さらと感じるかもしれませんが、同時に、今ならいろんなリスクを取ることができるとも考えられるはずです。

あなたに、なんとなくあきらめてしまった夢はありませんか？

実は、海外の大学に留学してみたかった。

外国に住んでみたかった。

お店を出してみたかった。

独立してみたかった。

あなたには、その忘れかけていた夢と向きあう勇気がありますか？


心は、天国を作り出すことも、地獄を作り出すこともできる。

――ジョン・ミルトン（イギリスの詩人）

31

不運に、めげない

長い人生のうちには、ときどき苦しいときがやってきます。特に不運なことが続き、これでもかというぐらい試練に見舞われることがあります。

ある女性が、好きな人ができたから別れてくれと旦那さんに言われ、次の日には、パートの仕事を解雇されました。しばらく落ち込んでいると、数週間前のガン検診の結果が出て、乳がんが見つかったのです。

泣きっ面《つら》に蜂《はち》ということわざがありますが、トリプルパンチで辛いことが重なりました。毎日泣いて暮らしていましたが、こうしていてもしようがないということで、手術を受け、積極的に生きようと決めました。

それから、彼女の手術は成功して健康を取り戻しました。しばらくして気分転換にはじめた趣味のサークルで素敵な男性と出会い、結婚します。そして、その人が宝石店を経営していたので、ずっとやりたかったジュエリーデザイナーの仕事も、期せずしてできることになったのです。

それから、子どもに恵まれ、激動の数年間だったと、彼女は赤ちゃんを抱えて幸せそうに話してくれました。

いままでいろんな人に話を聞いてきましたが、人生でピンチに陥るときは、ダブル、トリプルで災難がやってきます。そんなとき、自分の不運をうらみたくもなりますが、そういうときこそ、デトックス（解毒）のタイミングです。

不必要な毒素を人生から出さなければいけない時期なのです。

さきほどの女性も、誠実ではなかった旦那さんが退いてくれたこと。健康を失ったことで、不必要な仕事から引きはがされるように辞めさせられたこと。

人生をリセットすることができました。

不運が続くときは、人生の運を入れ替えるタイミングだと考えてください。

そして、そこからは、劇的によくなっていきます。

運というのは、波でやってきます。不運が続いたら、幸運につながるし、いいことばかり続いたら、あまり楽しくないことがやってくるものです。

今度、辛いこと、悲しいことがおきたら、そのぶん、いい運がやってくるサインだととらえてください。

実際に、まわりの人に聞いてみてください。

驚くくらい、この法則は当てはまっています。そして、不運や不幸が大きいものほど、その後の幸運も大きい傾向があります。

あなたの周りに、最近不運に見舞われている人がいたら、ぜひこのことを教えてあげてください。

そして、あなたも、辛いことがあったら、運を貯めているんだと思い直しましょう。しばらく頑張っていると、風向きがグッと変わるのを感じるでしょう。

そこから、また新しい人生が始まるのです。

不運が続くのは、幸運が順番待ちしているから。

――齋藤茂太（精神科医）

32

手持ちのカードで勝負する

人生で、最初からいいスタートができる人は、ごく少数です。家族関係がよくなかったり、お金がなかったり、成績がよくなかったりして、悩む人は多いでしょう。

まわりには、必ずあなたよりも、もっと家にお金があって、恵まれていて、家族も幸せな友人がいたはずです。

その子たちのことがうらやましくて、両親に対して腹立たしく感じたことも小さなころにはあったはずです。たぶんそういうときに、「〇〇ちゃんのうち、ハワイに行ったんだって！」ということをお母さんに言って、「だったら、〇〇ちゃんのところの子になったらいいでしょ」とか、「お寺に連れていかれないだけ、マシでしょ」と言い返されたはずです。

そのとき、二度とそういうことを言うものか、と悔しさを感じたかもしれません。私たちはそうやって、周りの友人たちと自分を比べて、イライラしたり、落ち込んだり、うらやましく思うのです。

しばらくして、習いごとをする、語学留学する、私学の高校、大学に行くなど、人生を左右するようなことも、両親の経済力で、できたりできなかったりします。

そういうときには、両親の経済力のなさやお金をうらんだかもしれません。どこかで、周りの人と比べるだけ自分が惨《みじ》めになると思って、あまり人生に多くを求めなくなった人もいるでしょう。

「人生は不平等だ。頑張ってもしようがない」

そう考えるのも、無理ありません。

冷静に考えれば、それは本当に当たっています。この世界は、不平等なのです。生まれつき、容姿や家柄、才能、健康に恵まれる人はいます。

一方で、そのすべてが与えられていない人もいます。

そういう意味では、不平等だといえるでしょう。おもしろいのは、幸せへの距離という意味では、すべての人が同距離で生まれてきます。

たとえば、お金持ちの子どもは、安いレストランで外食したら、文句ばかり言うでしょう。

一方で、お金のない家の子どもたちは、外食できただけで大喜びです。そういう意味では、自分のもらったものをどれだけ有効利用できるかどうかだけだとも言えます。

それは、たとえて言えば、トランプで配られたカードが悪いから文句を言うのか、この手持ちのカードでなんとかしようと思うのかの違いとも言えます。

一生懸命、与えられたものを最大限に活かす人には、そのうち、いいカードが回ってきます。

逆に、最初にいいカードが配られたからといって、最後に必ず勝てるということもないのです。


運命がレモンをくれたら、それでレモネードを作る努力をしよう。

——デール・カーネギー（アメリカの実業家）

33

自分をベタぼめする

あなたは、どれだけ人にほめられていますか？

普通の生活を送っていると、誰かにほめられることはほとんどないでしょう。

仕事ですごい業績を出したりした場合を除いて、家事、仕事は、やって当たり前です。逆に、「○○ができていない」と文句を言われることのほうが多いかもしれません。

あなたのほめてもらった歴史を簡単に振り返ってみましょう。

赤ちゃんのころは、どんな容姿であったとしても、周りにほめられたはずです。

小学校に上がる前も、近所の人、スーパーのレジで前後する人にも、「かわいいね」「元気がいいね」「いい子だね」といってほめられたはずです。

小学校では、いろんな先生に「あなたはすばらしい」「才能がある」と言われたことがあったのではないでしょうか。

けれど、中学に入るころには、反抗期もあって、親にほめられること、先生にほめられることも、めっきり減ったはずです。

そして、多くの人は、高校生からこれまで、数えるほどしかほめられていないのではないでしょうか。

その証拠に、ある人は、三〇代の今でも高校のときにもらった書道で入選した賞状を部屋に飾っています。また、酔っ払うと、高校のとき、インターハイで準優勝したことを延々と自慢する人もいます。

それだけ、私たちのほめられた体験は少ないと言えるでしょう。

パートナーができても、ロマンスの最初のころはともかく、数年すると、ねぎらったり、ほめ合うことよりも、文句のほうが多くなりがちです。

そんなある意味絶望的な(!?)状況のなか、ほめてくれる人は、なかなか見つからないはずです。

ふたつ戦略があります。ひとつには、機会を見ては、まわりの人をほめることです。多少のテクニックがいりますが、上手に人をほめることができるようになると、一〇分の一くらいは返ってきます。半分以上返ってくることを期待してはいけません。なぜなら、多くの人が、ほめベタだからです。となると、一番簡単な方法は、自分で自分をほめることかもしれません。口に出して言うと、ナルシストだと思われてしまうので、静かに言うか、心のなかで言う練習をしましょう。

あなたのいいところを一〇〇コ書き出してください。よく人に言われることからスタートして、密かに自分ではすばらしいと思っていることを書いていくのです。そして、いかにあなたが素敵な人か、ベタベタにほめてみましょう。

鏡の前でやると効果的です。最初は、恥ずかしいと思いますが、やっているうちに快感になります。

人間の価値は、自分をどう扱うか、他人をどう扱うかによって決まる。

――オプラ・ウィンフリー（アメリカのテレビ司会者）

34

自分のいるべき場所を見つける

私たちの失敗を分析してみると、いろんな種類があることに気づきます。

たとえば、やる気が足りなかった、段取りが悪かった、詰めが甘かった、才能がなかった、ひとりよがりだった、頑張りが足りなかったなどでしょう。

そして失敗には、自分が原因のものと、環境が原因のものがあります。

自分が原因の場合は、それを変えれば次回はうまくいく可能性があります。

でも、外的要因だった場合は、いつまでたっても、成功することはできません。

そのひとつに、居場所というものがあります。

たとえば、外交的な性格でおしゃべりが大好きな人が、研究所に勤めても、うるさいヤツで集中力が足りないとあまり評価されないでしょう。

逆に、テレビ局など、華やかで軽口のひとつでも言いながら仕事を進める現場では、無口で人づき合いが苦手な人は、毎日が苦しくなるでしょう。

同じような大企業でも、銀行や証券などのように細かな手順やルールがはっきりしているところと、マスコミ、テレビなど、ダイナミックに行動しないと仕事の成果につながらないところでは、ノリが全然違います。

また、日本という国が合う人と、まったく規格外で合わない人がいます。

都市部のタワーマンションに住んで、都心の高層オフィスで働くことが楽しい人は、虫がいっぱい出る古民家の暮らしには耐えられないでしょう。

逆に、自給自足をして、普段食べるもの、着るもののすべてを自分たちで作っているような人は、都心の生活など考えられないと思います。

このように、自分の居場所を間違えると、とてつもなく不幸になります。

多くの人は、自分がどういう場所にいたら幸せになるのか、不幸になるのか、ほとんど考えていません。

私の友人の一人に、電磁波過敏症になった人がいます。都心に住んでいて、ウツっぽくなって、いろんな原因を調べていくと、どうも電磁波が関係していたというのです。結局、家族で田舎に暮らして、すべての症状は治まりました。

同時期に、田舎暮らしをしている友人がウツっぽくなり、それは、あまりにもやることが少なすぎたからだという結論に達し、家族で都市部に逆戻りをした人がいました。

彼は、しばらくしてから活き活きして、ウツっぽいところがなくなりました。人づき合いが必要なタイプなのに、誰とも会わない生活が長く続いて、おかしくなっていたと今振り返ってわかったそうです。

あなたは、自分の居場所がわかっていますか？

そして、自分にとって正しい場所にいるでしょうか。居場所さえ間違わなければ、あなたも努力せずに輝くことができます。自分のいるべき場所を間違えないようにしましょう。

世界には、君以外には誰も歩むことのできない唯一の道がある。
その道はどこに行き着くのか、と問うてはならない。ひたすら進め。

——フリードリッヒ・ニーチェ（ドイツの哲学者）

35

困っている人を助けてあげる

あなたは、道ばたで困っている人がいたら、助けてあげるほうですか？

それとも、忙しいのでそのまま立ち去るでしょうか。

人を助けてあげると、それだけ、この世界はすばらしいと感じるでしょうし、見て見ぬふりをすると、そのぶんこの世界は世知辛いと感じているはずです。

私は、これまで世界各国で、大変な目に遭ってきました。ニューヨークでは、全財産を盗られましたし、フィリピンでも怖い体験をしました。

そういうとき、いつも助けてくれたのはまったく知らない人です。たんなる通行人にお金をもらったこともあります。

普通の人よりも、数多くの不快な体験をしていますが、同時に、信じられないぐらいたくさんの親切も受けてきています。

たとえば、公園で話しかけたおじいさんの家に数日泊めてもらったり、パーティーで立ち話をしている人に、一週間泊めてもらったりしました。

そういう素敵な思い出があるために、世界はすばらしいし、安全な場所だと思っています。そして、多くの人に、この世界には素敵な人がたくさんいることを知ってもらいたいと考えています。

もちろん、なかには、とんでもなくひどい人がいますが、この世界の大多数は、正直で誠実で、すばらしい人たちです。

ふたつの人生をイメージしてみてください。

ひとつは、誰も助けない。親切にもしない。言われたこと、やらなければいけないことだけをしていく人生です。ご飯も割り勘ですませる。ご馳走《ちそう》やプレゼントもない生活。その延長線上に、どんな人生が待っているでしょう？

もうひとつの生き方は、縁のある人をどんな人でも助けてあげる。お金をあげたり、ご馳走してあげたり、アドバイスをしてあげる人生です。

悩んでいる人の話を聞いてあげたり、問題解決のための人を紹介してあげたりすることに喜びを見いだす人です。

それぞれの人生に、どれだけの友情や愛があると思いますか？

また、このふたりが亡くなったとき、どれだけの人が死を悼んで、泣いてくれたり、感謝してくれるでしょうか？

ただイメージするだけでも、全然違う人生だということがわかるでしょう。

もし、後者のほうがいいなと思うなら、これからの人生で、縁ある人を助けてあげてください。

助けてあげた人は、あなたに感謝してくれると思いますが、もっと大切な副次的な効果があります。

人をつねに助ける人生を生きはじめると、あなた自身も、もっとこの世界を信じられるようになります。

この世界がすばらしいと感じて生活できるほど、幸せなことはないのです。


親切にしなさい。あなたが会う人は、みんな厳しい闘いをしているのだから。

——プラトン（ギリシャの哲学者）

36

「自分の人生」をスタートさせる

あなたは、毎日、本当にやりたいことをやっていますか?

もし、自分の思うとおり時間を使っていないとしたら、人生全体を見直すタイミングが来ているのかもしれません。

かといって、急にあなたの今やっていることをやめる必要もありません。

必要なのは、これからどういうことをやっていきたいかというイメージをもつことです。

そして、本来あなたが生きたい人生のほうにシフトさせていけばいいのです。

一緒に、自分の人生をどうやってスタートさせるかを考えましょう。

あなたは、どんな人生を送りたいですか?

あなたらしい人生とは、どんなものでしょうか。

仕事は何をしているでしょうか。

自由時間はどれくらいあるといいでしょう。

誰と一緒にいたいでしょうか。

どこに住みたいでしょう。

どんなインテリアがいいですか。

どんな人と仕事をすれば楽しいと思いますか。

お金はどれくらいあれば十分ですか。


そういったことがはっきりしてきたら、具体的にどうやったら、そちらにすすめるのか、考えてみましょう。

ここが、一番勇気がいるところかもしれません。

「自分の人生をスタートする」ことを決められますか?

理想のイメージが見えても、焦ってはいけません。

何を最初にやればいいのでしょうか?

理想の人生を生きるために、これからやること、やりたいことがいっぱい出てくるはずです。

もし、あなたが、海外で生活することを本気で考えるなら、まず英語を勉強することかもしれません。

料理人になることを夢見るのなら、料理道具をそろえることでしょう。

作家になるならノートパソコンを買うこと、アロマのセラピストになるなら、アロマのフルボトルを買うことかもしれません。

そういう小さなことから、あなたの人生はスタートしていきます。

いったん、それが始まると、弾みがつくので、きっと努力している感覚なしに、ワクワクしていけることでしょう。

最初の一歩を踏み出しなさい。階段全体を見る必要はない。
ただ、最初の一歩を上がりなさい。

——マーティン・ルーサー・キング・ジュニア（アメリカの牧師）

37

やさしい言葉をかけてあげる

あなたには、これまで誰かに声をかけられてうれしかったことはありますか？

その優しい言葉は、さみしいとき、つらいとき、じーんと響いたはずです。

小学校ぐらいのときに、友だちからかけてもらった言葉にはじまり、これまでに、何度となく、言葉によって励まされた体験があるのではないでしょうか。

学校の先生、両親、兄弟姉妹、親友、親戚に、あなたのいいところをほめてもらったり、「大丈夫だよ」などと、声をかけてもらったシーンをいくつも思い出せるでしょう。

言った本人は覚えていないぐらい、普通の言葉だったかもしれませんが、そのときのあなたには、しばらく忘れられないインパクトを与えたのです。

逆にいうと、あなたもこれまでに、さりげない言葉をかけてあげて、それがその人にとって感動するようなひと言だったことがあるはずです。

数年前に出会った人に、「あのときはありがとう」と言われたとき、はじめて誰かの役に立っていたことに気づくのです。

これまでに、あなたがかけてもらった言葉のなかで、もっともうれしかった言葉はなんでしょう?

それは、「ありがとう」とか「お疲れさま」「大丈夫だよ」といった、ごく日常にある、さりげないねぎらいの言葉だったでしょうか。

それとも、あなたの性格や特質についてだったでしょうか。「勇気があるね」「とっても正直だね」「心が純粋だね」「気配りがすばらしいね」。

あるいは、「君ならできる」「きっと、うまくいくよ」「このプロジェクトは成功すると思う」といった、未来への言葉だったでしょうか。

いずれにしても、あなたが本当によかった、励まされた、勇気が出たという言葉を思い出しながら、書き出してみましょう。

そのすばらしい言葉は、その人たちからあなたへの贈り物であると同時に、リレーのバトンでもあります。

私は、言葉を扱う作家という立場で、気をつけていることがあります。それは、本のなかで、私がこれまでに受けてきたすばらしい愛と信頼のエネルギーを、読者のみなさんに伝えたいということです。

あなたも、これからの生活で、あなたがもらってきた言葉をあなた流にアレンジして、次の人に渡すことを意識してみてください。

そして、できれば一生を通じて、あなたの周りに素敵な言葉をプレゼントしつづけてください。

きっと、それは静かに、大きな波紋を起こしていくと思います。

そして、何より、あなたが幸せになれるでしょう。

人ひとりが幸せになるか、不幸になるかは、
そばにいる人のちょっとした優しい言葉だったりすると思う。

——尾崎豊（ミュージシャン）

4章

本来の自分に戻る
最高の未来へ

38

人生に、変化を起こす

この項目を読んで、ドキッとした人もいるでしょう。

あなたが起こさなければいけない変化はどんなものでしょうか？

あなたは、自分から積極的に動けるほうですか？

それとも、あまり自分からは動かないほうですか？

私たちは、いったん生活のリズムができると、それを踏襲しようとします。

コンフォートゾーンという言葉がありますが、いったんそこにはまり込むと、そこから出たくなくなるのです。

ぬるま湯でも、そこが快適なら、もう出たくなくなる気持ちはよくわかります。いったん、変化を面倒に感じてしまうと、なかなか自分から変えようという気持ちにはならないのが普通です。

そんなときは、しばらくそのままでいるしかありません。そして、あるとき、「もう、イヤだ！」と、つくづくぬるま湯の状態に嫌気を覚えるタイミングがやってきます。

それが、あなたが大きく変わるタイミングになります。

あなたが、このままだとイヤだなぁと感じている分野は、どこですか？

仕事、恋愛、人間関係、家族、健康。それが、どの分野であれ、もうイヤだと思ったら、そこが変わり時です。

では、どんな変化を起こせばいいのか。

もう、しばらく前から、頭に浮かんでいたはずです。

たとえば、仕事を辞める、転職の準備をする、今の働き方を変える、好きな人に告白する、など、あなたが考えてきたことです。

でも、同時に、そのことを考えただけで動悸《どうき》がしてきたり、緊張したりするかもしれません。もし、そうだとしたら、まさしくそれが、あなたの起こさなければいけない変化です。

もちろん、変化を起こさずに、今までどおりに生活することもできます。

では、あとどれくらいそれができるでしょうか？

あるいは、したいでしょうか？

あと、一カ月、三カ月。半年、一年。三年、五年。一〇年。

そうやって考えれば、そんなに長くもたないことがわかるでしょう。
実際にやってみれば、一瞬で変化を起こすことができたりします。
あなたが変化を起こさないといけないと思っている分野は、
これから起こる変化にワクワクすること。
このまま変化を起こさなかったらイヤなこと。
変化を起こしておくと、よさそうなこと。
あなたは、どれだけ自分に変化を起こせますか？
起こすとしたら、どの分野にしますか？

人生が終わってしまうことを恐れてはいけません。
人生がいつまでも始まらないことが怖いのです。

――グレース・ハンセン（アメリカの作家）

39

「できない自分」から脱出する

私たちは、「○○できない」という観念にしばられています。

それは、これまでに、いろいろやっても、結局うまくできなかったという体験があるからでしょう。

たとえば、英語を勉強したのに結局話せなかった。

一生懸命勉強したのに、資格試験に落ちた。

ダイエットをはじめたけど、うまくいかなかった。

ジョギングをやりだしたのに、一週間も続かなかった。

そういうことがおきて、できない自分、ダメな自分が見えてきます。

できないのが当たり前、自分の標準になってしまっている可能性があります。

そういう状態が続くと、負け癖がついてしまいます。

どうせやっても無理だ。

自分にはたいした才能もないんだから。

そう考えるようになると、いろんなことに挑戦することもやめてしまうようになります。

しかし、人生でうまくいっている人は、うまくいくことが標準なのです。

あなたには、「できない」と思うことがどれくらいあるでしょうか？

勉強ができない
独立できない
転職できない
パートナーが見つからない
ブログが書けない
ダイエットできない

そういったことをひっくり返してください。

「今は、〜しない」に置き換えるのはどうでしょうか？

ちょっと、負け惜しみみたいですが、今はしないというのがミソです。

そうすると、できないという感情から出る挫折感、絶望感、イライラ感をもたずにすみます。

「今は、転職しない」「今は、パートナーをもたない」といったん考えてみましょう。

そういう感じで、自分の意志でもっていないという感じがしてくるから不思議です。

そうすると、もつこともできる感じがしてくるから不思議です。

そして、あらためて、そういうことをやりたかったら、積極的に動いてみましょう。気がついたら、それが手に入っているはずです。

失敗を恐れる必要はない。恐れる必要があるのは、
やりもしないで逃げてしまうチャンスのほうである。
――グレイ・マター（ユナイテッド・テクノロジー社）

40

感謝できることを探す

私たちは、感謝することを忘れがちです。

特に失敗やうまくいかないことが続くと、文句のほうが先に出てしまいます。

同じ状況であっても、心の状態によって、感謝したり、文句を言ったりすることがあります。

たとえば、同じ給料でも、五年間上がっていないと、文句を言いたくもなります。しかし、同じ仕事でも、失業して三年間仕事が見つからない人にとっては、夢のようかもしれません。

先日テレビを見ていて、難民の人が、ボロボロのテントにいるのに、「爆撃がない夜を過ごせるだけで感謝しています」と言っているのを聞いて、ハッとしました。

私たちの多くは、仕事も家もお金もなくなって、家族でテント暮らしをさせられたら、不運を嘆くのではないでしょうか。

そう考えると、感謝するということは感性の問題であって、条件ではないということがわかります。

そして、文句ばかり言っている人と、いつも感謝しながら生きている人なら、感謝している人のほうが、何倍も幸せです。

では、どうすれば感謝できるのでしょうか。

感謝の難しいところは、相手に強いることが難しいことです。

もちろん、自分に対しても同じことです。

「感謝しろ」というほど、空しい言葉もありません。なぜなら、感謝しろと言われて、感謝できる人はいないからです。

たとえば、仕事から帰った男性が、奥さんに向かって、「おまえは何をやっていたんだ？　どうせ朝からテレビでも見ていたんだろう？」「誰のおかげで飯が食えていると思っているんだ？」「感謝しろ！」と言って、どれくらい感謝が返ってくると思いますか？

それよりも、「家事と子育てありがとう。君が一生懸命やってくれるから、僕は安心して仕事に打ち込める。今日は遅くなってゴメンね。でも、君たちのために一生懸命やっているんだ。君も大変だと思うけど、本当にありがとうね。感謝している。僕と結婚してくれて、ありがとう」と言ったほうが、どれだけ喜ばれることでしょう。

同じ状況なのに、相手にかける言葉で、相手から返ってくるものがまったく違うことがわかるでしょう。

朝起きてから寝るまで、あなたが感謝できることを宝探しのように探してみましょう。そして、できれば相手に伝えてみましょう。

きっと、あなたの気持ちも劇的に変わるでしょうし、まわりのあなたに対する態度もまったく変わってきます。

そうやって、感謝の流れができていくのです。

わずかなことに感謝しない人は、多くを受けても感謝しないだろう。

——エストニアの言い伝え

41

障害に、めげない

私たちは、問題や障害が出てくると、頭を抱えてしまいがちです。

そして、「このやり方は間違っているんじゃないか」「この方向性はずれているかも」と考えてしまうのです。

どんなプロジェクトも、一度も問題が発生しないことなどありえません。

それと同じように、人生で一度も壁にぶち当たらない人もいません。

問題がおきても、めげないことです。ですが、くじけてしまう人のほうが多いのではないでしょうか。

それは、ふだんから自信がなくて、大丈夫かなぁと思っているときに、障害が出てくるので、もうダメだと感じてしまうのです。

たとえてみれば、ドライブにでかけたのに、最初の信号で赤になったので、もうドライブそのものをあきらめて、引き返そうとするようなものです。

それがどれだけバカバカしいか、ドライブの例だとわかると思います。どこかに行くときに、一度も赤信号に引っかからないなんて、不可能だからです。

なのに、人生ではできたら、すべて青信号で行きたいと考えてしまうのは、ふしぎなことです。

あなたが現実を見ようとするなら、目的地に着くまで、何十回、いや何百回も赤信号で止まることを想定しておかなければならないでしょう。

目的地が遠ければ遠いほど、その回数は増えます。

また、人生で障害がでてきたときには、冷静になる必要があります。

そのためには行き止まりのサインではなく、ただの赤信号だと考えることです。それから、その課題をどうやって克服するのかをゲームのように捉えてみましょう。

実際に成功している人は、問題をクイズのように楽しむ感性をもっています。なぜなら、どうせ問題にぶちあたるなら、それをゲーム感覚で解いていったほうがいいと思うからです。

障害が起きたとき、いろんな角度から見てみましょう。今までの知恵で解けるものなのか、新しいことを学ばなければいけないのか。

また、この課題をきっかけに、誰かに助けてもらったり、知恵を借りることが必要となるかもしれません。

いずれにしても、自分がひとまわり大きくなるタイミングなのです。

挑戦するから、それに応じて失敗や逆境がやってきます。

その苦しさに耐えて、乗り越えたぶんだけ、すばらしい世界に行くことができます。途中でめげそうになったとき、障害はあなたの本気度を試すひとつのテストだと思ってください。

そのテストに合格した人だけが、夢の世界に行けるのです。


われらの最大の栄光は、一度も失敗しないことではなく、倒れるごとに起きることにある。

――オリバー・ゴールドスミス（イギリスの詩人）

42

幸せの方向に歩いていく

幸せな未来のイメージが見えたとき、あなたは日常的にもそれを見失わないようにしなければなりません。

本当にやりたいことを少しずつやりはじめる、将来つきあいたい人と知り合うといったことは、とても大切です。

今は遠い感じがしても、確実に夢の方向に歩んでいけば、時間はかかるかもしれませんが、きっとそこに行けるでしょう。

けれども、よく見ていないと、まったく逆の方向に進んでいく人がいます。あなたの周りに、明らかに不幸なほうを向いて生きている人はいませんか？自分と合わない仕事をしていたり、大切にしてくれないパートナーと暮らしていたり、健康的ではない暮らしをしている人です。

実は、私たちのほとんどが、自分を幸せにすることではなく、不幸なことに向かってしまっています。

楽しい方向よりも、辛いこと、苦しいことに顔を向けがちなのです。

あたかも、まだそんないいものを自分に許してはいけない、まだまだ苦しい修行を体験しなければいけないと考えているかのようです。
私たちに必要なのは、どういう方向に行くべきかを知ることです。
では、幸せな方向とは、どんな方向なのでしょう。
今はっきりわかっていなくても大丈夫です。
一緒にイメージしてみましょう。
幸せな方向には、いいものがいっぱいあります。
すばらしいチャンス、仕事、お金、素敵なパートナーシップなどがあります。
それは、あなたにとって、どんなものでしょうか？
あなたが住みたい場所は、どこでしょうか？
どんな仕事をしているでしょうか？
どういう人と一緒に時間を過ごしたいですか？
あなたがワクワクするプロジェクトはどんなものですか？
どんな人と家族になりたいですか？
家族とどういう関係でありたいですか？

どんな気分で生活したいのかを考えてみてください。

ずいぶんと自分の未来の方向性がわかってきたのではないでしょうか。

一方で、あなたが行きたくない方向も、ちょっとだけイメージしてみてください。

それを考えたとき、やっぱりイヤだなぁと思うのではないでしょうか。

どちらに向かいたいのか、もう一度意識して、自分の行きたい方向に顔を向けましょう。

あなたの意識が向かっているほうに、あなたの人生は進んでいきます。


この世で一番大切なことは、自分がどこにいるかということではなく、「どの方向に」向かっているかということである。

——オリバー・ウェンデル・ホームズ（アメリカの作家）

43

つきあう人を間違えない

私たちの人生は、つきあう人によって、大きく変わります。

私のメンターが、人生を変えるのに、てっとり早い方法は、洋服を変えることと、つきあう人を変えることの二つだと言っていました。

おまじないかなぐらいに考えていましたが、後に、とっても現実的なアドバイスだということを知りました。

あなたが体験している失敗は、つきあっている人が原因である可能性があります。

最新の心理学の研究では、あなたが日常的につきあっている人たちの幸せ度合いが、あなたの精神状態に大きく影響するというデータが出ています。

興味深いのは、直接会う人たちだけでなく、その人のまわりにいる人の幸せ度まで、関係してくるということです。

私たちは、ふだん自分がつきあっている人のことをあまり考えずにいるのではないでしょうか。

仕事でも、以前からのつきあいの人たちは、そのまま変わらずにつきあっていると思います。

家族も、よほどの問題がなければ、縁を切ることはないでしょう。

友人との関係も、あなたが積極的に新しい友人を作っていくタイプでなければ、固定化しているのではないでしょうか。

すると、ふだん行くレストラン、旅行先もだいたい同じようなところになっているはずです。

もし、あなたが大企業に勤めていたら、これからの年収がだいたい予測できるはずです。五年以上同じ家に住んでいて、パートナーも、同じ人だった場合、あなたの人生は、ほぼ変わらずに進むはずです。

それでいいのでしょうか。

変えたいなぁと感じたなら、自分がこれから生きたい世界の住人とのつきあいを始めることです。

もし、今つきあっている人が、本来あなたがつきあう人でなければ、その関係を変えなければいけません。

　ある人が、仕事仲間から愚痴を言い合う飲み会に毎晩のように誘われるのを断って、弁護士になる勉強を始めました。最初は、仲間にひどいことを言われましたが、そのうち、つきあいもなくなりました。
　数年して、試験に合格し、彼は弁護士になりました。あるとき、弁護士仲間とでかけたところ、昔の同僚のグループが、偶然一緒のお店の隣のテーブルにいたのを見つけたそうです。彼が、そのまま変わらなければ、愚痴を言うグループにそのままいたことでしょう。
　つきあう人によって、人生はまったく変わるのです。

悪い仲間は犬のようなものだ。一番好きな相手をひどく汚してしまう。

――ジョナサン・スウィフト（アイルランドの作家）

44

愛するものを人生で増やす

あなたには、心から愛するものがありますか？

私たちは、自分たちの大好きなことをやったり、自由に時間を過ごすよりも、なんとなく自分の嫌いな仕事、環境に甘んじています。

仕事を選ぶときも、本当にやりたいことよりも、なんとなく縁のあったところで働きはじめて今に至る人が多いのではないでしょうか。

私たちは、大好きなものに囲まれているぶんだけ幸せを感じ、嫌いなものに囲まれているぶんだけ、不幸に感じるようになっています。

大好きなもの、愛するものを増やすことが、より幸せを感じるために必要なのです。同時に、嫌いなものを減らすことも大切です。

あなたが嫌いなもの、もう手放してもいいと感じているものは何でしょう？

嫌いな仕事

あまりよくない人間関係

ケンカばかりしているパートナー

好きでもない家と家具

いきなりすべては手放せないかもしれませんが、できるものから手放していきましょう。

では、あなたの愛するものとは、いったいどういうものでしょうか？

それは、趣味の時間、大好きな友人との時間かもしれません。

ちょっとしたカフェでの時間でもいいのです。

あなたが好きだなぁと感じるものを身の周りにそろえましょう。

そして、自分の楽しいと思うところにいるようにしてください。

つきあう人も、あなたが好きな人にしましょう。

豪華でなくても、自分の趣味に合った家に住むこと。

大好きな洋服。楽しい仕事。美しい自宅。山や海にあるアトリエ。

好きな食べ物。ライフスタイル。

そういうものをイメージしてみましょう。

ずいぶん、毎日の生活の感覚が変わると思います。

あなたが愛するものを増やしましょう。

それが人生にあることで、本当にうれしい、ワクワクしてしまう、そんなことを増やしていくのです。

一日ですべてを総替えすることはできませんが、ひとつ嫌いなものを手放し、楽しいものを手に入れましょう。

数年したら、あなたのまわりは自分の大好きなものでいっぱいになっているはずです。そして今よりも、もっと人生を楽しんでいることでしょう。

自分の人生を愛するとは、そういうことなのです。


「できること」が増えるより、「楽しめること」が増えるのがいい人生。

――齋藤茂太（精神科医）

45

自分の応援団をつくる

あなたには、応援してくれる人が何人ぐらいいますか？

どんな状態になっても、応援してくれる人です。

自分には、価値がないとか、取り柄《え》がないと思っているかもしれませんが、そんなことは関係ありません。

たとえば、プロ野球やサッカーでも、強いチームだけがファンをもっているわけではありません。

ファンの心理はおもしろいもので、最強チームがすべてのファンをもっていくわけではないのです。

いつも負けているチームにも、ファンクラブはあります。それは、弱いものを応援したくなる心理でしょう。

不思議なのは、強くもなく、かといって弱くもない中途半端なといっては失礼ですが、そういうチームにも、ファンクラブがあることです。

何十名もいるアイドルグループで人気投票をしても、必ず全員にファンがいます。一番かわいい人にすべてのファンが集中するわけではないのです。

あなたも、自分のファンクラブを作ってもらうことを意識してみましょう。

「そんなに私はかわいくない」「かっこよくない」「仕事ができるわけでもない」「とても好かれるとは思えない」

そういう声が聞こえてきそうです。

そして、自分にファンなんかできるわけがないと思うかもしれません。

今の自分の生活を見たら、田舎にいるおばあちゃんぐらいしか、ファンになってくれないという人もいるでしょう。

アイドルがやるように、あなたにも地道な活動が必要です。ふだんまめにメールしたり、応援したり、人を紹介したり、話を聞いてあげたりといったことです。読んで面白かった本を紹介したりするだけなら、お金はたいしてかかりません。

そういうこまめなフォローが、後々あなたの人望に変わってきます。

あなたが何かをやるというとき、その応援団が活躍してくれます。

また、あなたが落ち込んだとき、うまくいかないときは彼らが助けてくれるでしょう。
あなたの応援団は、何をやるときも、あなたの背後から守ってくれます。
あなたが「やる！」と言うと、どこにいても駆けつけてくれる人たちです。
彼らに助けてもらってください。
相談してください。
頼ってください。
依存するのではなく、上手に助けてもらうこと。
それができるようになって、はじめて、人生のおもしろさ、楽しさがわかってきます。

人に認められようと期待しなければ、
自然と尊敬され、認められるようになるものよ。

――グロリア・スタイネム（アメリカのジャーナリスト）

46

ふだんから、友情を育む

あなたには、何人ぐらい友人がいますか？

日常で忙しくしていると、どうしてもプライベートな時間が後回しになりがちです。家族がいる人は、家族との時間もとらなければいけないし、そういう意味では、いちばん犠牲になりがちなのは、友人との時間かもしれません。しばらく親しい友人と会っていない人も多いのではないでしょうか。

二〇代なら、まだ学生時代のノリが残っていて、一緒に食事をしたり、旅行に行ったりしているかもしれませんが、結婚する人がパラパラ出てきたりすると、お互いのライフスタイルやスケジュール、生き方のノリが合わなくなってきます。

特に、結婚したり、自分の家族ができたりすると、仕事の忙しさもあって、友人との時間は、気をつけないと大幅に減ってしまいます。

自分のためや家族との時間も取れないのに、まして、友人との時間なんて夢のまた夢になったりします。

ふだん、友人と会っている人でも、たわいもないおしゃべりをしているだけだと、どうしても、関係は深まっていきません。

仕事を中心に生きていると、友情を育む時間、趣味の時間は後回しになりがちですが、人生の後半になったら、楽しめるのは友人との時間です。

私が素敵だなと思うのは、「走れメロス」のような関係です。友人のために、死ねるのかというのは、古くからあるテーマですが、今のあなたの人生に、それだけすばらしい友情があるでしょうか。

友情にはいろんな形があります。

過去のある時期を共有した友人。学校の同窓生、会社の同期などです。

現在をともに過ごしている人。会社の同僚、取引先のなかでも同年代の人。

また、趣味のサークルを一緒にやっている人たちです。

未来を共有している人。将来の夢を語ったり、同じような感性をもっている友人です。

あなたには、このなかでどういう友人がいるでしょうか。たんに過去を共有しているだけの友人とは、昔話以上のことができません。今を共有している友人は、会社を辞めてしまった途端、関係が切れることがあります。

未来を共有している友人とは、夢を語れるうちはいいのですが、誰かが変わってしまうと、友情も立ち消えになります。

友情は、お金で買えるものではなく、育てるのに時間がかかります。利害関係が絡むと、おかしくなってしまうこともあり、注意深くケアすることが大切です。

相手のことを大切にして、大切にされる関係を築いてください。

友の幸福のためにどれだけ尽くしているか、
そこに人間の偉大さを測る物差しがある。

——マハトマ・ガンジー（インドの政治家）

47

自分を世界一大切に扱う

私たちは、つい自分を後回しにして、人のことを大切にしがちです。

それは、レストランで、まわりの人のオーダーを先に聞いてもらって、自分のは後にするというようなことではありません。

それは、いいマナーかもしれませんが、もっと大切なことを後回しにしている人がたくさんいます。

たとえば、あなたには、ずっとやりたいと思っているのに、なんとなく忙しくてやっていないことがありませんか？

自分でお店をやることだったり、転職して本来やりたいと考えている分野の仕事をすることかもしれません。

専業主婦をやめて、自分の才能を活かして、独立することかもしれませんし、海外にしばらく住むことかもしれません。

実は、本当にやりたいことがなんとなくあるのに、それを先延ばしにして、まわりの望むことばかりをやっていたりするのです。

もし、あなたがまわりに気を遣うタイプなら、特にそういうパターンが顕著かもしれません。

周りのことを大切にしようとしている人ほど、自分を適当に扱っています。

そして、そのことをひそかに誇らしく感じていたりします。

その偽りのプライドを捨てないと、本当の幸せは手に入りません。

あなたの心から充実する人生は、自分を優先しないと手に入らないのです。

もちろん、マザー・テレサのように、人に奉仕することが即自分の喜びになるようなタイプの人もごく稀にいます。

でも、あなたが聖人タイプでなければ、自分を先にすることです。

あなたは、自分のことを世界で一番大切に扱っていますか？

それとも、ボロぞうきんのように扱っているでしょうか。

普通に扱っているでしょうか？

それは、あなたがどれだけ自分のことが好きか、満たされているか、まわりが幸せか、人に感謝されているかでわかります。

あなたは、どういうことをやれば、自分にご褒美を与えることになるでしょうか。
週末、リラックスするのか。書斎があればいいのか。
アロマのマッサージを毎週受けるといいのか。
海外旅行に毎月行ければいいのか。
自分を甘やかせるとしたら、何をやればいいのでしょうか。
まわりに遠慮せず、自分を大事にしてみましょう。
あなたが満たされれば、幸せはきっと、まわりにあふれて伝わっていきます。

あなたは、あなたであればいい。

——マザー・テレサ（カトリックの修道女）

48

「幸せな未来の自分」に助けてもらう

ここで、ちょっとおもしろいイメージをしてみましょう。

あなたの未来について、考えてみるのです。

あなたの人生がいくつかの方向に分岐しているのをイメージしてみてください。

そして、最高の未来、普通の未来、最低の未来があるとしましょう。

最高の未来では、あなたがワクワクすることを仕事にして、大好きな人に囲まれて楽しく生活しています。お金もいっぱいあって、好きな家に住み、本当にやりたいことができている未来です。

一方、普通の未来では、これまでの延長線上にあなたがいます。同じ会社に勤めていれば、今の収入が一〇倍になることはないでしょう。

生活のレベル、まわりの人、仕事の内容もだいたい想像できるのではないでしょうか。

そして、最悪の未来も少し想像してみましょう。病気がちで、自分のやりたいことが全然できず、イライラしながら生活しているあなたです。

先にあげたどの未来も、イメージできたと思います。

そのなかで、どれでも選んでいいとしたら、あなたは、どうしますか？

もし、幸せで成功している自分がいるとしたら、その人物はあなたのことを一番わかっている人です。その人に助けてもらいましょう。

未来の幸せな自分をイメージしてみてください。

その人に、いろんな悩みを打ち明けてください。

あなたのことを一〇〇％受け入れ、大切に思ってくれる存在です。

安心して、これからの人生について、迷っていること、苦しいことを相談してみればいいのです。

きっと、今の自分の場所から、どういうことをやって、誰と会えば、最高の人生を生きられるようになったかを教えてくれます。

これからの数年で、思わぬ人に出会ったり、誰かに助けてもらったりということがおきるはずです。

それがどういうタイミングなのか、どこに行けば、人生を変えるチャンスを手に入れられるのかを聞いてください。

困ったとき、落ち込んだときも、未来の自分に会いに行ってください。

その人は、あなたにやさしく対応してくれるはずです。

そして、一時的にうまくいかないことがあっても、大丈夫だということをその人が教えてくれます。

遊びのようですが、私は何度も未来の自分に助けてもらいました。何よりも大切なのは、自分が未来で幸せになっているという前提で、物事を捉えられるようになることです。

未来の自分に甘えましょう。


過去が現在に影響を与えるように、未来も現在に影響を与える。

――フリードリッヒ・ニーチェ（ドイツの哲学者）

49

人生を信頼する

私たちが悩んだり、苦しんだりするのは、先が見えないことからくるのではないでしょうか。

先が見えないと、未来のことを考えるときも、すばらしいものより、どちらかというとあまりよくない未来、暗い未来を想像しがちです。

何か辛いことがあったときは、特にネガティブな方向に意識が行ってしまいがちです。でも、そんなときこそ、自分の素敵な未来を思い出す必要があるのです。

あなたが、自分の人生を信頼できるようになると、もっとラクに生きられるようになるでしょう。

どうすれば、自分の人生を信頼できるようになるのでしょうか。

最初のステップとして、周りの人たちの人生を信頼してみましょう。

自分のことを認めたり、ほめられなくても、人のことは認めたり、評価できるのと一緒です。

親しい人のことを思い浮かべてみましょう。彼らの人生がどうよくなるのか、詳細にイメージしてあげてください。

それだけで、あなたの寝る前の時間を豊かなものにしてくれるはずです。

また、今度は、あなたのまわりにいる辛い時期を過ごしている人のことを思い浮かべてください。

病気になったり、家族が大変だったり、仕事がうまくいっていなかったり、パートナーとうまくいっていない人のことを思い浮かべてみましょう。

そして、彼らの人生が徐々に、そしてあるときから劇的によくなることをイメージしてあげてください。

たとえば、今は離婚調停中で苦しい人が、そのうちまた素敵な人に出会って、幸せになっていくことを想像してあげてください。

出会う人の人生、未来を信頼してあげられるようになると、自分の未来に対しても、安心できるようになると思います。

これには、練習がいります。中級編は、電車に乗ったとき、町を歩いているとき、すれ違う人の人生がすばらしいものになることをイメージするのです。

まわりの人の幸せを自然と願うことができれば、まわりの人もあなたの幸せを願ってくれている感覚になります。

信頼の上級編は、世界の人たちの人生が、幸せに満たされることを願うことです。世界にはこの瞬間にも、戦争、テロ、事故、災害、病気などで、家族が亡くなったり、苦しんでいる人たちがたくさんいます。

その人たちの痛みが癒されるように、お祈りしてみましょう。

あなたの人生に、感謝できることがたくさんあり、一日一日を大切にしたい気持ちになっていくでしょう。

人生には、ふたつの道しかない。
ひとつは、奇跡などまったく存在しないかのように生きること。
もうひとつは、すべてが奇跡であるかのように生きることだ。

――アルベルト・アインシュタイン（ドイツ生まれの物理学者）

あとがき

この本を最後まで読んでくださって、ありがとうございました。

あなたが、今どんな状況かわかりませんが、本書が少しでも、あなたの人生に寄り添うことができたら、著者としてとてもうれしく思います。

落ち込むことは、どんな人にもあります。

やっていることがうまくいかなかったり、想像と違った方向に流されたりするとき、人は不遇を嘆きがちです。

そして、「なんでこうなってしまったんだろう？」と考え、ため息をつきます。けれども、ずっと文句ばかり言っていては、そこから抜け出すことはできません。

どこかのタイミングで自分の人生を見つめ、本来自分が幸せに生きる方向に舵《かじ》を切らなければならないのです。

そんなに大変なことではありません。

これまでと違う方向を見るだけでいいのです。

あなたが本来行きたかった方向へ顔を向けるだけでいいのです。

今度、落ち込むことがあったら、また、この本のページをパラパラと繰ってください。きっと、あなたに必要なメッセージが見つかるでしょう。

辛いこともあるかもしれませんが、きっとそのうち、風向きが変わってきます。それをイメージしてみてください。

自分のすばらしさを思い出して、素敵な人生をスタートされることを心からお祈りしています。

あなたの毎日が、楽しさとワクワクで満たされますように。

紅葉がはじまった八ヶ岳にて

本田　健

著者紹介
本田 健（ほんだ　けん）
神戸生まれ。経営コンサルタント、投資家を経て、29歳で育児セミリタイア生活に入る。4年の育児生活中に作家になるビジョンを得て、執筆活動をスタートする。「お金と幸せ」「ライフワーク」「ワクワクする生き方」をテーマにした1000人規模の講演会、セミナーを全国で開催。そのユーモアあふれるセミナーには、世界中から受講生が駆けつけている。大人気のインターネットラジオ「本田健人生相談〜Dear ken〜」は1600万ダウンロードを記録。世界的なベストセラー作家とジョイントセミナーを企画、八ヶ岳で研修センターを運営するなど、自分がワクワクすることを常に追いかけている。2014年からは、世界を舞台に講演、英語での本の執筆をスタートさせている。
著書に『ユダヤ人大富豪の教え』『20代にしておきたい17のこと』（以上、だいわ文庫）、『きっと、よくなる！』（サンマーク文庫）、『ワクワクすることが人生にお金をつれてくる！』（フォレスト出版）、『金持ちゾウさん、貧乏ゾウさん』『強運を味方につける49の言葉』（以上、ＰＨＰ文庫）などがある。
著書シリーズの多くはベストセラーになっており、累計発行部数は680万部をこえている。

本田健公式サイト
http://www.aiueoffice.com/

本書は書き下ろし作品です。

ＰＨＰ文庫　落ち込んだときに勇気がでる49の言葉

2015年12月17日　第1版第1刷

著　者　本　田　健
発行者　小　林　成　彦
発行所　株式会社ＰＨＰ研究所
東京本部　〒135-8137 江東区豊洲5-6-52
文庫出版部　☎03-3520-9617（編集）
普及一部　☎03-3520-9630（販売）
京都本部　〒601-8411 京都市南区西九条北ノ内町11
PHP INTERFACE　http://www.php.co.jp/
組　版　有限会社エヴリ・シンク
印刷所
製本所　共同印刷株式会社

ISBN978-4-569-76440-5

PHP文庫好評既刊

素直な心になるために

松下幸之助 著

著者が終生求め続けた〝素直な心〟。それは、物事の実相を見極め、強く正しく聡明な人生を可能にする心をいう。素直な心を養い高め、自他ともの幸せを実現するための処方箋。

定価 本体五一四円（税別）

PHP文庫好評既刊

成功への情熱—PASSION—

稲盛和夫　著

一代で京セラを造り上げ、次々と新事業に挑戦する著者の、人生、ビジネスにおける成功への生き方とは？　ロングセラー待望の文庫化。

定価　本体五五二円（税別）

PHP文庫好評既刊

子どもに教えたい「お金の知恵」

「一生お金に困らない子」に育つ47のルール

本田 健 著

「子どもを100%応援する」「自分の夢を子どもに話す」など、お金の専門家が〝我が子を幸せな小金持ち〟にする魔法の子育てを伝授。

定価 本体五六〇円(税別)

強運を味方につける49の言葉

本田 健 著

『感謝できる人』に運は集まる」「運気は移動距離に比例する」など、強運を引き寄せるための具体的な方法を、語録形式で一挙公開！

定価 本体六〇〇円（税別）